Extreme Leben

Jürgen Domian

Extreme Leben

Protokolle & Kommentare

vgs

Die Protokolle und Kommentare in diesem Buch sind von Autor und Verlag nach bestem Wissen und Gewissen sorgfältig erwogen. Autor und Verlag sowie ihre Beauftragten übernehmen keine Haftung für etwaige Schäden, die sich aus dem Gebrauch oder Mißbrauch der in diesem Buch dargestellten Praktiken ergeben.

Die Deutsche Bibliothek – CIP-Einheitsaufnahme
Domian, Jürgen:
Extreme Leben : Protokolle & Kommentare / Jürgen Domian. – Köln : vgs, 1996
  ISBN 3-8025-1327-4

7. Auflage
© vgs verlagsgesellschaft, Köln 1999
Alle Rechte, insbesondere das Recht der Vervielfältigung und Verbreitung, vorbehalten. Kein Teil des Werkes darf in irgendeiner Form (durch Fotokopie, Mikrofilm oder ein anderes Verfahren) ohne schriftliche Genehmigung des Verlages reproduziert oder unter Verwendung elektronischer Systeme verarbeitet, vervielfältigt oder verbreitet werden.

© Titelfoto: WDR, Köln
Umschlaggestaltung: Heike Unger, Köln
Satz: ICS Communikations-Service GmbH, Bergisch Gladbach
Druck: Druckhaus Beltz, Hemsbach
Printed in Germany
ISBN 3-8025-1327-4

Inhalt

Vorwort 7
Einleitung 9
Linienführung 12
Porträts 14
Kinder, Kinder... 16
Fisten 18
Jung und lesbisch 22
Küssen verboten!? 24
Fragwürdige Traditionen 26
Enttäuschte Liebe 29
Alkoholprobleme 31
Multiple Persönlichkeit 34
Cocktail 37
Der Schwanz 39
Sodomie 45
Kindesmißbrauch 47
Inzest 51
Sekten 55
Alt und schwul 60
Späte Erkenntnis 62
Jung und Alt 64
Autofellatio 66
Masochismus 67
Narzißmus 70
Deutschland 74
Päderasten 82
Mißhandlung 87
Ungewöhnliche Krankheiten 90
Kindstod 94
Aids 97
Fans 100

Übersinnliches 101
Analphabet 105
Telefon-Sex 108
Prostitution 110
Fetischismus 114
Windelfetischist 116
Schräge Vögel 118
Transsexualität 122
Partnersuche 126
Einsamkeit 127

Vorwort

Die Situation war nicht frei von Komik. Sie spielte sich Anfang 1994 im Büro des WDR-Hörfunkdirektors ab. Ein Mann, hoch in den 50ern, versuchte einem Dutzend Menschen, denen er altersmäßig um Jahrzehnte voraus war, die Idee einer Radiowelle für junge Leute beizubiegen. Doch die Komik fiel nicht auf, denn die Not war groß. Dem Radio des Westdeutschen Rundfunks ging das junge Publikum stiften. Mit aller Kraft sollte der böse Trend gestoppt und umgekehrt werden. Die Seelen- und Knochenbrecheroperation lief unter dem Titel „Reform". Sie produzierte zunächst einmal Sitzungen und Debatten am laufenden Band.

So kam es zu der oben erwähnten Runde. Der Direktor namens Pleitgen war zwar reiferen Alters, doch jung an Hörfunkerfahrung. Weder den einen noch den anderen Makel ließ man ihn spüren. Statt dessen wurde er mit Ideen überschüttet; pfiffige Sachen darunter, aber ein Sendekonzept fiel besonders auf. Es nannte sich nach dem Urheber und hieß DOMIAN.

Der Direktor war etwas skeptisch. Neu im Fach vermochte er sich nicht gleich vorzustellen, was das ihm angebotene Programm bringen sollte. Noch mehr Talk, noch mehr Seelen-Striptease, eine deutsche Version der amerikanischen Nachtfalken? Wie sollte zu nachtschlafender Zeit zwischen 1.00 und 2.00 Uhr Publikum für Gequatsche aufgetrieben werden?

Nachdenklich schaute der Direktor auf den Autor der Idee. Jürgen Domian saß da inmitten seiner Kolleginnen und Kollegen. Er trug ein wallendes Seidenhemd und auf dem Kopf eine Kappe, die längst als unvermeidlich bezeichnet wird. Der junge Mann hielt sich bescheiden zurück, aber wenn er seine Ideen vortrug, dann mit einem Leuchten in den Augen.

Jürgen Domian hatte etwas vorzuweisen. Er machte einmal in der Woche nachmittags eine Sendung, bei der es darauf ankam, aufmerksam zuzuhören und die Anrufer durch einfühlsame Fragen zum Sprechen zu bringen. Die Sache kam gut an. Nun wollte Jürgen Domian täglich ran, und zwar nachts, aber nicht nur im Hörfunk, sondern auch im Fernsehen.

Dem Direktor gefiel die Idee. Bimedial war preiswert. Wenn die Sendung danebenging, konnte der Schaden angesichts der späten

Stunde nicht allzu dramatisch sein. Der kleine Mut hat sich längst gelohnt. DOMIAN ist schnell auf der Hörfunkwelle Eins Live und im WDR-Fernsehen zu einer Kultsendung geworden, wie man so sagt. Es gibt kaum einen anderen im Sender, der bessere Kritiken erhält als Jürgen Domian.

Der Direktor ist inzwischen zum Intendanten abgestiegen. Er verfolgt mit Genugtuung den Werdegang der Sendung und des Nachtfalken. Gelegentlich gehört er auch zum Publikum, wenn er Radio im Auto hört oder nach der Heimkehr nachts das Fernsehgerät anwirft. Als Intendant runzelt er manchmal die Stirn über die freimütigen Bekenntnisse der Anruferinnen und Anrufer, aber dann beruhigt ihn immer wieder die kluge und hilfsbereite Gesprächsführung.

Schau her, denkt sich dann der Intendant. Bei uns im Sender wird auch zu später Stunde und unter nicht ganz gewöhnlichen Umständen die Menschenwürde geachtet. Das schafft Vertrauen beim Publikum und Mut zu weiteren Experimenten.

Viel Glück, Jürgen Domian!

Intendant
Westdeutscher Rundfunk

Einleitung

Dieses Buch erzählt Schicksale und Geschichten aus dem Leben, die ich mir bis vor gut einem Jahr nicht vorstellen konnte oder die ich gar nicht für möglich gehalten hätte. Es sind die Erfahrungen und Erlebnisse meiner Zuhörer und Zuschauer.
Seit April 1995 moderiere ich beim Westdeutschen Rundfunk in Köln eine Telefon-Talkshow, ein Talk-Radio. Die Sendung trägt meinen Namen: DOMIAN. Und sie wird bimedial ausgestrahlt, d. h. im Radio bei Eins Live und gleichzeitig im WDR-Fernsehen. Jede Nacht, außer Samstag und Sonntag, in der Zeit von 1.00 bis 2.00 Uhr. Die Leute können bei uns kostenfrei anrufen und sich mit mir live in Radio und Fernsehen unterhalten. In der Regel gebe ich an zwei Tagen in der Woche ein bestimmtes Thema vor, z. B. Einsamkeit, Ärztepfusch, Dreiecksbeziehungen, Tod, Fetischismus, Sekten, Haustiere, Blamagen usw. Die restlichen Tage ist das Talk-Radio „offen", das bedeutet, jeder hat die Möglichkeit, zu jedem Thema anzurufen, über das er gerne sprechen möchte. Da kann es vorkommen, daß wir in ein und derselben Sendung über Transsexualität, Wehrpflicht, Orgasmusschwierigkeiten, Techno, die Sudetendeutschen und Satanismus reden.
Wie gelangen die Anrufer auf den Sender? Zuerst müssen sie unsere Nummer, die 01 30 / 29 11, wählen. Wenn sie Glück haben und durchkommen, meldet sich eine freundliche Stimme mit „Eins Live DOMIAN". Drei Kollegen nehmen die Anrufe entgegen, notieren die Anliegen und Themen und geben diese Notizen an die Regie weiter. Dort sitzt ein weiterer Kollege, der dann entscheidet, wer in welcher Reihenfolge zurückgerufen wird. Meine Gesprächspartner in spe werden anschließend auf eine Warteschleife gelegt. Wer da alles wartet, das kann ich auf einem kleinen Computer-Bildschirm lesen, der meine Hauptverbindung zur Regie ist. Ich erhalte allerdings keine Vorinformationen über meine Talk-Gäste. Auf dem Bildschirm stehen lediglich der Name und das Alter des Anrufers.
Ich versuche, den Leuten in der Sendung ein ganz normaler Gesprächspartner zu sein. Ich bin weder Psychotherapeut noch Seelsorger, verlasse mich ganz auf meinen mehr oder weniger gesunden Menschenverstand, sage meine Meinung und gebe unter Umständen auch Ratschläge – was in unserer Zeit leider immer

seltener wird, da man dies lieber den sogenannten Fachleuten überläßt. Kaum jemand traut sich heute noch, das Leben eines anderen zu kommentieren, ohne vorher mindestens fünf Semester Psychologie studiert zu haben.
Natürlich gibt es Härtefälle, denen mit Lebenserfahrung alleine nicht zu begegnen ist. Um diese kümmern sich unsere Diplom-Psychologen. Jede Sendung wird von einem Therapeuten begleitet. Er sitzt in einem Nebenraum und steht in extrem problematischen Situationen zur Verfügung. Ich breche dann das Gespräch auf dem Sender ab und bitte den Anrufer, am Telefon zu bleiben. Er wird umgehend zu unserem Fachmann weiterverbunden, und beide können unter Ausschluß der Öffentlichkeit in Ruhe weiterreden. Andere Gespräche führe ich zwar zu Ende, gebe den Gesprächspartner anschließend aber trotzdem noch weiter an den Psychologen, damit er den Anrufer nach einem vielleicht dramatischen Auftritt nachbetreut und auffängt oder um ihn mit speziellen Informationen (Kontaktstellen, Selbsthilfegruppen, Kliniken usw.) zu versorgen. Viele Menschen kommen aber gar nicht erst auf Sendung. Meine Mitarbeiter leiten besonders schwerwiegende Fälle (z. B. Petra, 28, die mit Schlaftabletten vollgepumpt war und mit letzter Kraft unsere Nummer gewählt hatte) direkt zum Psychologen weiter, der sich um alles weitere kümmert. Wir wollen bei DOMIAN keinen Showeffekt um jeden Preis.
Als Moderator einer solchen Sendung trage ich natürlich eine hohe Verantwortung. Ich will meine Talk-Gäste auf dem Sender nicht unnötig „ausziehen", und ich muß sie davor bewahren, in dem öffentlichen Gespräch etwas zu sagen, was sie hinterher bereuen oder was ihnen im nachhinein schaden könnte.
Ist DOMIAN eine Problemsendung? Nein, wir versuchen mit unserer Themenauswahl und -zusammenstellung sowohl die Schattenseiten des Lebens, aber genauso auch das Bizarre, den Spaß und das Frivole des Alltags widerzuspiegeln. Wir wollen unterhalten, informieren und, wenn wir können, auch helfen.
Mein Leben hat sich durch das Talk-Radio stark verändert. Ich bin zum Nachtmensch geworden, und ich habe bei den bisher etwa dreieinhalbtausend Interviews eine Menge über Menschen, Lebensgestaltung, Liebe und Sex gelernt – und wurde als Radiomoderator ein Fernsehgesicht.
Dabei hat voriges Jahr alles als Experiment begonnen. Keiner wußte, ob eine solche Sendung überhaupt funktioniert. Rufen so

spät nachts überhaupt Leute an? Wenn ja, mit welchen Anliegen? Akzeptiert das TV-Publikum eine so minimalistische Sendung? (Wir arbeiten mit nur einer feststehenden Kamera.) Radio Eins Live und das WDR-Fernsehen sprangen mit mir ins kalte Wasser. Und niemand hat es bis heute bereut. Wir können uns vor Anrufen kaum retten. Die Fernseh-Einschaltquoten sind sehr gut, und auch die Presse ist uns wohlgesonnen.
Ein derartiger Erfolg aber fällt nicht vom Himmel. Ohne meine hochmotivierten Mitarbeiter und die engagierten Kollegen von der Technik wäre die Sendung nicht zu realisieren.
Und ohne meine Vorgesetzten, die mir immer den Rücken freigehalten haben, hätte sich die Sendung nie so entwickeln können. Ich agiere (und wo gibt es das in der heutigen Medienwelt noch?) absolut frei und autonom. Niemand macht mir inhaltliche Auflagen, es darf wirklich über alles gesprochen werden, und ich stehe während der Interviews unter keinem Zeitdiktat. Ideale Arbeitsbedingungen also.
Hinzu kommt ein tolles Publikum, daß der Sendung in großer Treue verbunden ist. Aus Briefen weiß ich, daß viele Zuhörer, die Probleme mit der späten Sendezeit haben, das Talk-Radio aufzeichnen. Andere stellen sich extra den Wecker, um dabei zu sein. Ein Hörer schrieb mir, er habe für die Dauer seines gesamten Urlaubs den Videorekorder programmiert, um nichts zu verpassen.
Ich bedanke mich für so viel Zuspruch und Unterstützung. Und freue mich sehr auf das nächste DOMIAN-Jahr.

Jürgen Domian
im August 1996

Im folgenden habe ich besonders markante und interessante Fälle aus meiner Sendung dokumentiert. Die Gespräche sind teilweise verkürzt wiedergegeben, die Namen der Anrufer wurden verändert.

Linienführung

„Zwänge und Rituale", so hieß eine Talk-Radio-Nacht im Frühjahr 1996. Mit vielem, was mir erzählt wurde, hatte ich gerechnet: zum Beispiel Putzzwang, Duschzwang oder Fernsehzwang. Eine unsichtbare Linie allerdings, die man bei jedem Schritt gezwungen ist zu berücksichtigen, war mir bis zum Gespräch mit Heinz (29) völlig fremd.

Heinz: Ich ziehe so eine Art unsichtbare Linie hinter mit her. Und ich habe den Zwang, diese Linie immer gerade hinter mir herlaufen zu lassen. Die darf nicht verwurstelt sein. Ich leide nicht unter diesem Zwang, eigentlich ist das Ganze eher lustig.
*Domian: (lacht) Du spürst also hinter dir eine **unsichtbare Linie**?*
Heinz: Ja. (lacht auch) Ich muß immer so gehen, daß meine Linie nie um mich herum gewickelt ist.
Zum Beispiel kann ich kein Karussell fahren, weil ich mich nicht zurückdrehen kann. Oder auf der Autobahn: Wenn ich in einem Kleeblatt abfahre, wo man ja fast eine 360-Grad-Schleife fährt, fühle ich mich ganz unwohl. Ich fahre dann meistens auf einen Parkplatz und drehe die entgegengesetzte Schleife. Erst so geht es mir wieder besser.
Domian: Das ist ja schräg. Ist das wirklich so lustig, wie es sich anhört?
Heinz: Na ja, wenn ich die Linie nicht wieder aufwickle, dann ist das nicht so lustig.
Domian: Was wäre, wenn du sie verwurstelt lassen würdest?
Heinz: Ach, weißt du, ich habe es bis jetzt noch nicht darauf ankommen lassen. Ich sage mir dann immer: „So viele Umstände sind das ja nicht, sich wieder zu entwirren" – drehe mich also ein paarmal, und alles ist wieder in Butter.
*Domian: Also du hast es noch **nie** bei einer Verwicklung der Linie belassen?*
Heinz: Nein.
*Domian: **Warum** hast du diese unsichtbare Linie hinter dir?*
Heinz: Ich habe das schon ungefähr sechs Jahre. Und irgendwann, ich weiß gar nicht mehr genau wann, ist mir die Linie in den Sinn gekommen. Und dann habe ich einmal probiert, um eine

Litfaßsäule zu gehen – und schon hatte ich den Salat. Die Linie war verwickelt. Also mußte ich wieder zurückgehen.

Domian: Das ist ja irre. So etwas habe ich noch nie gehört. Kennst du sonst jemanden, der auch eine Linie hat?

Heinz: Nein. Und ich habe das von mir auch noch niemandem erzählt. Es hört sich ja ziemlich lächerlich an.

Domian: Ist dir die Linie immer präsent?

Heinz: Nein, aber sobald ich mich verwurstelt habe, denke ich an sie. Und dann entwurstel ich das rasch.

Domian: Versuche doch mal eine Selbsterfahrung und unterlasse es, dich zu entwursteln. Beobachte dich, was dann in dir passiert.

Heinz: So ein bißchen habe ich das schon versucht. Ich habe mich einige Male um mich selbst gedreht – und dann eine Stunde vergehen lassen. Na ja, aber ich mußte während dieser Stunde immer wieder an die verwickelte Linie denken. Sie hat mir keine Ruhe gelassen. Und dann habe ich gedacht: „Ach, was soll's, entwurstel dich rasch und die Sache ist vom Tisch." Und so kam es dann auch.

Domian: Entwurstelst du dich normalerweise immer sofort?

Heinz: Das kommt darauf an. Immer geht das ja nicht. Wenn ich zum Beispiel zur Arbeit fahre, morgens, dann versuche ich abends exakt denselben Weg zurückzufahren, um die Linie wieder aufzusammeln. Oder auch während der Arbeit muß ich manchmal warten, bis ich wieder alles entwirrt habe.

Domian: Wenn du ganz allgemein an diese Linie denkst, was assoziierst du damit?

Heinz: Ich denke an einen Weg. Eine eingeschlagene Richtung. Es ist ein **gerader** Weg, an den ich denke. Und alles wird abgebremst, wenn sich der Weg verwickelt hat.

Domian: Nervt die Linie bisweilen?

Heinz: Eigentlich stellt sie kein großes Problem dar. Es braucht nur etwas Zeit, sich mit ihr zu beschäftigen.

Domian: Dann achte weiter auf deine unsichtbare Linie!

Heinz: (lacht) Das werde ich tun.

Porträts

Viele Menschen haben mir schon von ihren ungewöhnlichen Hobbys erzählt. Da war zum Beispiel Rainer (24), der sich in seiner Freizeit leidenschaftlich mit Vogelspinnen beschäftigte, oder Marco (38), der Nachkriegs-Taschenlampen sammelte, oder Sabine (28), die ihre Liebe zum Catchen entdeckt hatte.
Und da war Melanie (35), von Beruf Sparkassenangestellte:

Domian: Hallo Melanie! Was machst du besonders gerne in deiner Freizeit?
Melanie: Schwanzfotos.
Domian: Wie bitte? Schwanzfotos? Von Männern?
Melanie: Ja, was denkst du? Und die Fotos sammle ich auch.
Domian: Wie bist du denn auf die Idee gekommen?
Melanie: Ich hatte mal einen Freund, das war damals eine große Liebe. Und irgendwann haben wir so herumgealbert und allen möglichen Blödsinn gemacht, bis wir dann auf die Foto-Idee kamen. Das heißt, ich habe es vorgeschlagen. Er hat sich anfangs geschämt, aber dann hat das viel Spaß gemacht.
Domian: Wie entstehen die Fotos heute?
Melanie: Ich spreche Männer einfach an. Oftmals Bekannte, aber auch ganz Fremde.
Domian: Wie reagieren die?
Melanie: Manche denken, ich wollte sie verarschen. Aber ich erkläre ihnen dann mein Hobby – und die Jungs sind begeistert dabei. Ich habe bisher nur zwei Körbe bekommen.
Domian: Wie viele mußten denn schon dran glauben?
Melanie: 40 bis 50.
Domian: Erzähl doch mal etwas genauer. Wenn du in einer Kneipe zum Beispiel einen wildfremden Mann ansprichst. Wie läuft das ab?
Melanie: Also ich spreche natürlich nur die an, die ich irgendwie interessant finde. Dann redet man über dies und das, wobei ich schon versuche, ein gutes Gespräch aufzubauen. Das ist dann die Vertrauensgrundlage für später. Ich stecke auch klar ab, was ich will.
Domian: Was willst du denn?
Melanie: Fotografieren.

Domian: Endet eine solche Aktion denn auch schon mal im Bett? Fotografieren quasi als Vorspiel?!
Melanie: Das gab es schon, ist aber die Ausnahme.
Domian: Nach der Fotoserie ziehen sich die Männer also wieder an und gehen nach Hause?
Melanie: Ja, oder man trinkt noch was zusammen und quatscht.
Domian: Bekommen die Jungs Abzüge?
Melanie: Das biete ich an. Aber die meisten sind daran gar nicht interessiert. Ich glaube, die macht das einfach an, sich von einer Frau so fotografieren zu lassen.
Domian: Aber es stimuliert dich doch bestimmt auch.
Melanie: Ja, das will ich gar nicht bestreiten. Aber für mich ist das eben hauptsächlich eine künstlerische Herausforderung.
Domian: Warum müssen das gerade Schwänze sein?
Melanie: Ich fotografiere auch sehr gerne andere Sachen. Aber gute Schwanzfotos gibt es nicht viele. Das hat mich gereizt. Plus die erotische Komponente natürlich.
Domian: Was ist für dich ein toller Schwanz?
Melanie: Schwer zu sagen. Den Ideal-Schwanz gibt es glaube ich nicht. Ich persönlich stehe auf etwas längere Schwänze, so ab 18 cm aufwärts, sie sollten unbeschnitten sein und irgend etwas Besonderes haben.
Domian: Was meinst du damit?
Melanie: Vielleicht eine leichte Krümmung oder ein Muttermal auf der Haut oder eine kleine Warze oder einen sehr schrumpeligen Hodensack.
Domian: Fotografierst du die Schwänze auch erigiert?
Melanie: Ja, wenn die Jungs das hinbekommen.
Domian: Haben die Männer keine Angst, irgendwann von dir erpreßt zu werden?
Melanie: Es sind alles anonyme Fotos. Meistens nur Schwanz und Bauch. Einige gehen bis zum Hals.
Domian: Gibt es eine Idealeinstellung, eine Idealposition?
Melanie: Nein, alles hängt immer von der Situation und von dem Typ ab.
Domian: Du sammelst die Fotos. Was machst du mit ihnen? Stehen die nur rum im goldenen Album?
Melanie: Nein, nein. Ich schaue sie mir oft an.
Domian: Nimmst du sie als Onaniervorlage?
Melanie: So endet das hin und wieder, ja.

Domian: Wer weiß außer den Männern davon?
Melanie: Kein Mensch. Selbst meine besten Freundinnen nicht. Ich lebe in einem kleinen Dorf. Was meinst du, was los wäre, wenn das jemand wüßte.
Domian: Bleibt mir, Dir noch sehr viele erotische und natürlich künstlerisch hoch anspruchsvolle Foto-Aktionen zu wünschen.
Melanie: Ja, vielen Dank. Ich habe schon wieder einen im Visier. Den werde ich bald ansprechen.

Kinder, Kinder ...

Es gibt nichts, was es nicht gibt. Diese alte Lebenserfahrung habe ich inzwischen verinnerlicht. Dazu beigetragen hat unter anderem das nächste Gespräch mit Regina (45).

Regina: Folgendes ist fast 18 Jahre her. Ich war schwanger – und habe es nicht gemerkt – bis zum Schluß, bis kurz vor der Geburt.
Domian: Bis kurz vor der Geburt?
Regina: Ja.
Domian: Du hast neun Monate nicht bemerkt, daß du schwanger bist?
Regina: So ist es. Ich hatte öfters Perioden-Ausfälle. Und zu der Zeit damals war ich recht dick, so daß ich es auch rein äußerlich nicht wahrgenommen habe. Zumindest habe ich die körperlichen Veränderungen ignoriert.
Domian: Das ist ja unglaublich.
Regina: Ja, aber so was gibt es. Wenn auch ganz selten.
Domian: Nun waren die neun Monate vorüber. Was passierte dann?
Regina: Wir waren gerade in eine neue Wohnung gezogen. Zwar hatten wir Telefon, aber es war noch nicht angeschlossen. Ich war alleine in der Wohnung, und plötzlich spürte ich etwas im Unterleib, ich habe Wasser verloren – und genau in dem Moment ging mir ein Licht auf, und ich wußte es. Was dann geschah, war schon seltsam. Ich konnte niemanden erreichen, und mir war klar: „Du kriegst ein Kind." Alle anderen Leute in dem Mietshaus

waren nicht zu Hause, das hatte ich vorher mitbekommen. Ich war ganz alleine dort. Im vierten Stock. Dann raste durch meinen Kopf: „Was sollst du tun?" Wir hatten neue Matratzen gekauft, und meine Überlegung war: „Nein, die kannst du nicht versauen, da legst du dich nicht drauf."
Domian: Das gibt es doch nicht!
Regina: Doch, aber das ging alles rasend schnell durch meinen Kopf. Ich habe dann alle möglichen Decken ins Wohnzimmer auf die Erde gepackt, auch Handtücher – und innerhalb von einer halben Stunde war mein Kind da. Es war eine Sturzgeburt.
Domian: Du hast es ganz alleine geboren?
Regina: Ja, und im Nachhinein war es gut, daß ich es im Wohnzimmer bekommen habe. Denn dort stand unser Schreibtisch, auf dem Paketschnur lag und eine Schere. Damit habe ich mein Kind abgenabelt.
Domian: Das konntest du?
Regina: Ja, ich komme aus dem Krankenpflegebereich.
Domian: War das Kind wohlauf?
Regina: Ja, und wir haben total Schwein gehabt. Nachdem ich es abgenabelt hatte, kam die Nachgeburt. Dann bin ich ins Bad gegangen und habe mein Kind gewaschen.
Domian: Was geschah dann? Bist du danach wenigstens ins Krankenhaus gefahren?
Regina: Nein, nein. Warum denn noch? Es war Freitag, Nachmittag, ca. halb vier. Und nach einer Stunde, während dieser Zeit habe ich mich mit meinem Kind beschäftigt, kam mein Mann. Du kannst dir vorstellen, wie der aus allen Wolken gefallen ist. Und zusammen haben wir dann erst allmählich begriffen, was passiert war. Wir haben auch später keinen Arzt hinzugezogen.
Domian: Warum nicht?
Regina: Ich weiß nicht. Vielleicht war es der Schock. Vielleicht habe ich mich auch geschämt.
Domian: Ist das Kind gesund geblieben?
Regina: Ja, völlig. Es gab nur am darauffolgenden Montag ein Riesenproblem. Da kein Arzt dabei war, hatte ich ja auch keinen Geburtsschein. Mein Mann ist dann am Montag zum Rathaus gefahren und wollte das Kind anmelden. Da haben die gesagt: „Na hören Sie mal, da kann ja jeder kommen, alleine schon wegen der Steuervergünstigungen." Es war nichts zu machen. Die wollten es sehen. Also bin ich noch am selben Tag mit der Kleinen in Rich-

tung Rathaus. Und das hat sie überzeugt. Obwohl ich auch irgendein anderes Kind hätte vorzeigen können.

Domian: Ich möchte noch einmal auf die Zeit der Schwangerschaft zurückkommen. Du hast die Verdickungen des Bauches als Zunahme verstanden?

Regina: Ja. Als junges Mädchen hatte ich schon einmal so eine Phase gehabt, da bekam ich einen dickeren Bauch. Deshalb habe ich das nicht ernstgenommen.

Domian: Und das so lange Ausbleiben der Regel?

Regina: Ich habe das nicht sonderlich beachtet. Heute glaube ich, daß ich das alles auch nicht wahrhaben wollte.

Domian: Hast du auch keine Bewegungen gespürt?

Regina: Nein.

Domian: Warum wolltest du es nicht wahrhaben?

Regina: Vielleicht weil wir zu jenem Zeitpunkt auf keinen Fall ein Kind haben wollten. Es paßte nicht in unsere Lebensplanung. Aber als es dann da war, haben wir es sofort heiß und innig geliebt.

Domian: Auf jeden Fall hast du unheimliches Glück gehabt.

Regina: Ja. Aber es ist schon eine merkwürdige Geschichte. Es wissen auch nur ein paar Leute aus meinem engen Umfeld von alledem. Mein Kind, meine Tochter, natürlich auch. Und die Reaktionen waren damals sehr unterschiedlich. Ein Verwandter hat mal gesagt: „Die hat ja wie eine Sau geferkelt."

Fisten

Über Sexualität wird in meinen Sendungen gerne und viel gesprochen. Und das ist gut so, denn lange genug wurde dieser elementare Teil unseres Lebens totgeschwiegen oder von christlichen Moralaposteln vereinnahmt.

Ich bin immer wieder überrascht, wie offen die Leute über ihr „normales" Sexleben und auch über extreme Praktiken erzählen. Dabei gab es für mich – und sicher auch für die meisten Zuhörer – eine Menge zu lernen, und ich hoffe, daß wir durch die Gespräche so manch eine ungewöhnliche Spielart aus der Schmuddelecke herausgeholt haben.

Ich möchte, daß alle sexuellen Praktiken, bei denen niemand zu Schaden kommt und alle Beteiligten ihren Spaß haben, strikt respektiert werden. Und seien sie noch so bizarr.

Jörg: Ich bin 31, bin schwul – und stehe auf Fisten.
Domian: Bist du aktiv oder passiv?
Jörg: Ich mag beides. Das hat auch den Vorteil, daß ich mich in die jeweils andere Rolle gut hineinversetzen kann.
Domian: Was genau passiert, wenn du aktiv bist?
Jörg: Erstmal sind kurzgeschnittene und gefeilte Fingernägel wichtig. Und da wir leider in HIV-Zeiten leben, sollte man mit dem Partner absprechen, ob ein Gummihandschuh benutzt wird. Natürlich geht durch den Handschuh sehr viel Gefühlsempfindlichkeit der Hand verloren. Ich fiste am liebsten, bei entsprechendem Vertrauensverhältnis, aktiv ohne Handschuh.
Domian: Also du pflegst deine Hand vorher so perfekt wie möglich, beseitigst sicher auch solche kleinen Widerhaken, die man manchmal an den Fingern hat.
Jörg: Ja, genau. Gut ist es, wenn man die Finger dem passiven Partner vorher in den Mund steckt. Die Zunge ist halt sehr empfindlich.
Domian: Wie geht es dann weiter?
Jörg: Wichtig ist eine gute Raumtemperatur. Am besten sollte es tropisch-warm sein. Dann gehört eine gute stimulierende Musik dazu. Je nach Geschmack. Und ganz wichtig ist: Man muß sehr viel Zeit haben.
Domian: Gut. Jetzt liegt also dein Partner nackt vor dir auf dem Bett. Wie muß er eigentlich liegen?
Jörg: Es gibt mehrere Möglichkeiten. Man kann es so machen, daß der Passive kniet – oder er hängt seine Beine in so eine Art schwebenden gynäkologischen Stuhl. Das sind Ketten, die an der Decke befestigt sind mit Schlaufen für die Beine. Dann ist noch das Schmiermittel wichtig. Da gibt es verschiedene Sorten.
Domian: Damit fettest du deine Hand ein – und den Po sicher auch?!
Jörg: Ja, Hand und Po. Und dann beginnt man als Aktiver den Schließmuskel vorsichtig und langsam zu dehnen und schließlich zu öffnen.
Domian: Das finde ich so wahnsinnig. Beim Fisten führt zum Beispiel ein Mann seine unter Umständen sehr kräftige Faust in den Arsch des Partners ein. Wie ist das nur möglich?

Jörg: Entscheidend ist, daß der Kopf des Passiven ganz frei ist. Er muß völlig entspannt sein und sich der Situation hingeben. Natürlich muß man das sehr, sehr vorsichtig machen, dieses Aufdehnen. Der Körper hilft einem auch dabei. Er schüttet während des Vorgangs Endorphine aus. Die fördern die Entspannung und wirken schmerzstillend.
Man dringt mit der Hand, der Faust, dann Zentimeter für Zentimeter in den Darm des Partners ein.
Domian: Ist der Passive körperlich-sexuell erregt? Hat er einen stehen?
Jörg: Das ist unterschiedlich. Das Hauptgeschehen aber findet im Kopf und im Arsch statt. Man ist so hochkonzentriert. Meistens spielt der Schwanz dabei keine Rolle.
Domian: Man kann also sagen, daß während des Fistens der Schwanz meistens schlaff ist?
Jörg: Ja.
Domian: Wenn die Faust im Darm ist – wie weit schiebt man den Arm nach?
Jörg: Ich habe schon einmal jemanden bis zum Ellenbogen gefistet. Also meine Hand und mein gesamter Unterarm war im Darm meines Partners. Aber das muß nicht immer so sein.
Domian: Du bist dann ja ganz tief im Körper des anderen.
Jörg: Ja, wobei man sagen muß, der zweite Schließmuskel ist relativ stabil, also schwierig zu überwinden – und danach ist das Darmgewebe sehr dünn. Das heißt, man muß äußerst vorsichtig sein, denn dieses Gewebe ist leicht zu verletzen. Beispielsweise darf man keine ruckartigen Bewegungen machen.
Domian: Generell setzt diese Praktik ein ganz großes gegenseitiges Vertrauensverhältnis voraus, besonders vom Passiven zum Aktiven.
Jörg: Ja, natürlich.
Domian: Welche Gefahren sind mit dem Fisten verbunden?
Jörg: Die Gefahr eines Darmrisses ist gegeben. Aber man kann das Risiko minimieren, indem man all das, was ich vorhin geschildert habe, sehr strikt einhält. Also: Entspanntsein, sehr vorsichtig sein, sich Zeit lassen, auf den Partner eingehen usw.
Und man muß den Partner absolut respektieren. Wenn er sagt „stop", dann heißt das auch sofort stop. Wenn er sagt „raus", dann muß auch sofort Schluß sein.
Domian: Ist dir schon einmal was Schlimmes passiert?

Jörg: Nein, gar nichts.
Domian: Was ist überhaupt an dieser Praktik toll oder geil?
Jörg: Es ist unheimlich geil, die Wärme des anderen zu spüren. Oder du spürst, wenn du aktiv bist, zum Beispiel mit deiner Hand das Rückgrat des anderen. Das ist ein unglaubliches Erlebnis. Du hast quasi die Hauptschlagader, die dort lang läuft, in deiner Hand.
Domian: Ist das so was, wie eine Mega-Vereinigung?
Jörg: Ja, so kann man das sagen. Es gibt keine intensivere Verschmelzung zwischen zwei Menschen. Meine Hände können beim Fisten das Innerste von meinem Partner sehen. Das ist so bewegend. Und das macht mich so glücklich. Noch Tage später gibt es dieses Gefühl in mir.
Domian: Wie endet das Ganze? Ja wohl nicht mit einem Orgasmus.
Jörg: Doch, den holt man dann noch nach. Man vögelt oder man onaniert nach dem Fisten. Alles ist komplex zu sehen. Der Orgasmus steht am Ende, ist aber nur ein kleiner Bestandteil der ganzen Session.
Domian: Wie lange dauert die gesamte Session?
Jörg: Das kann fünf, aber auch zwölf Stunden dauern.
Domian: Was macht man, wenn man zwischendurch mal pinkeln muß?
Jörg: Man läßt es laufen. Auch das gehört dazu. So gibt man auch das Letzte von sich preis.
Domian: Wie wird so eine Aktion von seiten des Passiven vorbereitet?
Jörg: Der Darm muß entleert werden. Durch Abführmittel oder Einläufe. Der Darm sollte ganz sauber sein.
Domian: Wenn sich jetzt jemand durch unser Gespräch fürs Fisten interessiert, es vielleicht ausprobieren möchte, was würdest du raten?
Jörg: Sich über diese Praktik ausführlich zu informieren. Es gibt Literatur, die man zum Beispiel in Schwulen-Buchläden bekommt. Auf keinen Fall einfach so als One-night-stand an die Sache gehen.

Ich vermute, die Mehrheit des Publikums hatte von dieser sexuellen Praktik noch nie etwas gehört. Und sicher saßen sehr viele mit sehr gemischten Gefühlen vor ihrem Fernseh- oder Radiogerät.

Auch für mich ist Fisten eine nur äußerst schwer nachvollziehbare Form der Sexualität. Ich kann das ungeheure Vereinigungsgefühl, von dem Jörg sprach, erahnen – möchte es aber nicht erleben. Schon während des Gespräches war mir klar, daß einige Zuhörer dieses Sex-Phänomen moralisch beurteilen würden. Mir war klar: Das gibt Post. Und genauso war es dann auch. Die Tugendwächter erhoben ihre Stimme und schickten etwa 60 Briefe. Jörg wurde angegriffen. Weil er so ist, wie er ist. Meine Mitarbeiter wurden angegriffen. Weil sie ihn zu mir auf den Sender durchgestellt hatten. Und – natürlich – auch ich wurde angegriffen, zum Beispiel von Frau L. aus Kiel:

„Sind Sie jetzt von allen guten Geistern verlassen? Ich habe in meinem ganzen Leben noch nie so etwas Geschmackloses gehört. Das gehört nicht ins Fernsehen! Als mein Enkel (14) während der Sendung plötzlich im Wohnzimmer stand (er schlief schon und mußte mal), habe ich mich in Grund und Boden geschämt. Wie können Sie sich mit solch einer perversen homosexuellen Person so lange unterhalten?"

Oder von Robert (48) aus Wiesbaden:

„Es ist absolut unverantwortlich von Ihnen, diesen Dreck den Menschen zuzumuten. Sie haben weder Schamgefühl, noch Achtung vor der Schöpfung. Warum werten Sie nicht? Warum sagen Sie nicht: Das darf es nicht geben!? Weil Sie selbst überhaupt keine ethische Orientierung haben."

Jung und lesbisch

Schwule und Lesben sind bei DOMIAN gerngesehene Talk-Gäste. Leider geht es in den Gesprächen noch viel zu oft um die problematischen Seiten des homosexuellen Lebens. Es wird von Coming-out-Ängsten, Diskriminierung und Ausgrenzung berichtet.
Ein junger Mann, der mit seinem Freund offen schwul in einem kleinen Mietshaus lebte, berichtete beispielsweise, wie die Mitbewohner

versuchten, beide systematisch fertigzumachen – Psychoterror pur. Olaf (24), klagte die ehrenwerten Mitglieder einer freien evangelischen Gemeinde an, die ihn zu einer Therapie gedrängt hatten mit dem Ziel, den sündigen Homo-Trieb wieder loszuwerden. Ich erinnere mich auch an einen Neunzehnjährigen, der auf der Straße stand. Seine Eltern hatten ihn, unmittelbar nach seiner „Offenbarung", aus der Wohnung geworfen. „Ich will mit einem Perversen nicht unter einem Dach wohnen", soll der Vater gesagt haben.

Um so schöner ist es, manchmal auch das absolute Gegenteil von solchen Vorkommnissen zu hören:

Greta: Ich bin 15! Und lesbisch.
Domian: Seit wann ist dir das klar?
Greta: Zugeben tue ich es seit einem dreiviertel Jahr. Aber die ersten Gedanken daran hatte ich schon so mit zehn Jahren.
Domian: Wie kam es zu den Gedanken?
Greta: Wenn ich zum Beispiel Pärchen gesehen habe, dann habe ich immer an ihm vorbei geguckt, dafür **sie** um so genauer angeschaut. Dann habe ich über das normale Maß hinaus für Lehrerinnen geschwärmt. Na ja, und immer wieder halt auch Mädchen in meinem Alter ganz toll gefunden, angehimmelt.
Domian: Du bist noch sehr jung und scheinst sehr entschieden. Gab es eine Phase, wo alles noch nicht so klar war?
Greta: Ja, aber die hat nicht so lange gedauert. Da war ich mit einem Jungen zusammen, wobei man das nicht „zusammen" nennen kann, eigentlich. Es war eher ein guter Kumpel. Na ja, und während dieser Monate habe ich mich immerzu in Frauen verknallt, hatte nur Frauen im Kopf. Da wurde mir alles schon immer deutlicher.
Domian: Hast du dich gegen deine lesbischen Gefühle etwas gewehrt?
Greta: Nein, kaum. Nur ein wenig am Anfang.
Domian: Hast du das mit dir alleine ausgemacht, oder hattest du jemanden, mit dem du das besprochen hast?
Greta: Hauptsächlich habe ich das mit mir klargemacht. Dann habe ich mit meinen besten Freunden gesprochen, und die haben alle sehr tolerant reagiert. „Das ist deine Sache", haben die gesagt. Und das war's dann.
Domian: Schon ungewöhnlich! Sei froh, daß das so glatt bei dir gelaufen ist. Bist du eigentlich vollkommen geoutet?

Greta: So ziemlich. Als ich es meiner Mutter gesagt habe, das war so: Ich total verknallt und fest entschlossen, meine Mama einzuweihen. Also bin ich zu ihr, mit dem Bild von meiner Freundin. Dann habe ich nur gesagt: „Ich bin total verknallt" und habe ihr das Bild unter die Nase gehalten.
Na ja, und was passierte? Sie sagte nur: „Schön! Du kennst ja meine Einstellung, habe mir ohnehin schon so was gedacht. Dann genieße mal deine Liebe!"

Domian: Du Glückspilz! Und was sagt dein Vater?

Greta: Den kenne ich gar nicht. Nur meine Oma hat etwas distanziert reagiert. Der habe ich es nämlich auch gesagt.

Domian: Du bist ja toll drauf.

Greta: Tja, und sie meinte: „In deinem Alter kann man das noch gar nicht entscheiden. Du mußt erst einmal reichlich Erfahrungen sammeln mit Jungs." Da bin ich vom Küchentisch aufgestanden und gegangen. Ich habe keine Lust gehabt, das alles weiter zu erklären. **Ich** weiß es ja. Das ist **meine** Welt, da gehöre ich hin.

Domian: Bist du in der Schule auch ganz offen?

Greta: Eigentlich schon. Die Jungs wissen es nicht so. Dafür die Mädchen fast alle. Und bis jetzt gab es noch keine blöden Bemerkungen.

Domian: Hast du denn um dich herum auch ein paar Lesben?

Greta: Weniger. Aber ich gehe jetzt, einmal war ich schon da, in eine schwul-lesbische Jugendgruppe. Das ist gut da, macht Spaß.

Domian: Greta, ich wünsche dir ein tolles lesbisches Leben.

Küssen verboten!?

In einer Septembernacht 1995 sprach ich mit Gertrud (55) über Schwule und Lesben, über Vorurteile und die nötigen Gegenmaßnahmen.
Ich glaube, daß Gertruds Meinung und ihre Zwiespältigkeit weit verbreitet sind – noch immer.

Gertrud: Ich finde es nicht gut, wenn homosexuelle Leute sich in der Öffentlichkeit provozierend benehmen.

Domian: Was meinst du mit „provozierend"?
Gertrud: Daß sie sich zum Beispiel küssen und alles nach außen kehren. Wenn Menschen so veranlagt sind, dann sollen sie so sein. Ich bin sehr tolerant. Aber mit der Küsserei, das muß wohl nicht sein.
Domian: Was ist mit Hand-in-Hand-Gehen?
Gertrud: Na ja, das können sie von mir aus. Aber das muß dezent sein. Ich habe neulich noch zwei Frauen gesehen, die haben auf offener Straße sich einen Zungenkuß... du weißt schon... Ich war richtig schockiert.
Domian: Gertrud, wenn du in der Stadt, zum Beispiel in der Fußgängerzone, ein junges heterosexuelles Paar siehst: Die beiden sind groß verliebt, turteln so rum und küssen sich – heiß. Bist du dann auch schockiert?
Gertrud: Na ja, so was kennt man ja von Kindheit an, daß Mann und Frau zusammengehören. Das andere, also Mann/Mann oder Frau/Frau wurde früher ja versteckt.
Domian: Schlimm genug.
Gertrud: Ich finde es gut, wenn die Leute ihre Lokalitäten haben.
Domian: Aber das ist doch auch diskriminierend. So nach dem Motto „Die dürfen so sein, wie sie sind, aber bitte nicht in der Öffentlichkeit". Ab also ins Ghetto?!
Gertrud: Ich habe das Gefühl, daß das Verhalten der Homosexuellen oft so provozierend ist.
Domian: Kannst du es nicht einfach so hinnehmen. Zwei Jungs lieben sich und verhalten sich entsprechend in der Öffentlichkeit, verstecken sich nicht, küssen sich auch, wenn ihnen danach ist.
Gertrud: Ich weiß es nicht.
Domian: Warum sollen sie es nicht tun? Nur weil sich einige Leute provoziert fühlen?
Gertrud: Ich glaube, die wollen auch provozieren, um etwas zu erreichen.
Domian: Manchmal muß man provozieren, um überholte Normen aufzubrechen, um Veränderungen in der Gesellschaft zu bewirken.
Gertrud: Ja, man ist so fixiert auf so eine Verbindung Mann/Frau. Ich kann mir deshalb gar nicht vorstellen, wenn ich zwei Männer so sehe, daß das wirkliche Liebe ist.

Domian: Ich kann mir schon vorstellen, daß Leute, vielleicht auch aus der älteren Generation, weil man jahrzehntelang Homosexualität totgeschwiegen hat, damit ihre Schwierigkeiten haben. Aber Gertrud, ich kann dir versichern: Das ist wirkliche Liebe. Die ist genauso tief und wertvoll wie die Liebe zwischen Mann und Frau...
(Gesprächspause)
Gertrud: Tja... Ich habe ja ganz ehrlich nichts dagegen. Aber der ganze Körper wehrt sich dagegen, wenn das so in die Öffentlichkeit getragen wird. Und dann dieses Knutschen.
Domian: Hast du eigentlich Kinder?
Gertrud: Ja.
Domian: Wie alt sind die?
Gertrud: Die Tochter ist 25 und mein Junge ist 30.
Domian: Stell dir mal vor, der wäre schwul.
Gertrud: Ich würde mit ihm natürlich darüber sprechen. Denn bei uns gibt es keine Tabus.
Domian: Also Gertrud, du kommst mir doch recht tolerant rüber. Dann müssen wir die Sache mit den Schwulen in der Öffentlichkeit auch noch hinkriegen.
Gertrud: Meinst du?
Domian: Also Programm: Immer wenn du das demnächst siehst – gezielt hingucken, angucken, auch mal rumgehen. Laß dich provozieren! Und wenn du das zehnmal gemacht hast, ich bin sicher, der Schock ist weg. Und irgendwann fällt es dir gar nicht mehr auf.
Gertrud: Ja, das Knutschen ist ja für mich das Schlimmste. Dann will ich da demnächst mal immer richtig hingucken. Ich werde anfangs bestimmt einen roten Kopf bekommen.
Domian: Macht nichts Gertrud. Und: Halt die Augen auf!

Fragwürdige Traditionen

Wir bemühen uns, im Rahmen des Talk-Radios Vorurteilen aller Art entgegenzuwirken. Manchmal allerdings sind die Vorurteile identisch mit einem Teil der Realität. Und deshalb rede ich keinen faulen Arbeitslosen schön, sehe nicht jede Frau als Opfer der bösen Männerwelt und kann mich mit so manchen kulturellen Eigenarten einiger ausländischer Mitbürger überhaupt nicht einverstanden erklären.

Mai 1996, Yildiz (24), Türkin:

Yildiz: Ich esse so viel. Und das immer, wenn ich genervt bin oder wenn mein Mann mich geschlagen hat. Ich versuche fast jeden Tag eine neue Diät anzufangen, aber nichts nutzt.
Domian: Erbrichst du die Sachen hinterher, die du gegessen hast?
Yildiz: Nein, ich behalte alles bei mir. Und davon bin ich auch dick geworden. Was meinem Mann nicht gefällt. Er ist sehr sportlich, und er erniedrigt mich.
Domian: Du sagtest gerade, dein Mann schlägt dich.
Yildiz: Ja.
Domian: Kommt das oft vor?
Yildiz: Ja, sehr oft. Ich habe mich schon zweimal von ihm getrennt, aber da ich halt Türkin bin, habe ich keine andere Wahl als wieder zu ihm zurückzugehen.
Domian: Warum ist das so?
Yildiz: Das liegt an der Familie. An unserer Mentalität. Ich mußte mit 15 Jahren heiraten. Damals hatte ich meinen jetzigen Mann kennengelernt. Aber ich durfte keinen Freund haben. Als meine Eltern davon erfuhren, gab es nur noch die Ehe. Schon zwei Monate später haben wir geheiratet. Liebe war das natürlich nicht.
Domian: Das ist der erste Mann deines Lebens?
Yildiz: Ja, der erste und ... (Yildiz zögert) ... vielleicht auch der letzte.
Domian: Du bist in dieser Beziehung sehr unglücklich?
Yildiz: Ja.
Domian: Gibt es Kinder?
Yildiz: Ja, zwei.
Domian: Du hast versucht, die Beziehung zweimal zu beenden?
Yildiz: Ja. Einmal war ich ein ganzes Jahr weg. Aber meine Familie hat mich während dieser Zeit sehr unter Druck gesetzt. Ich durfte mir auch keine Wohnung nehmen. Also wohnte ich bei meinen Eltern und meinem Bruder in einer Drei-Zimmer-Wohnung, zusammen mit meinen zwei Kindern.
Domian: Wie hat deine Familie Druck gemacht?
Yildiz: Am schlimmsten war und ist mein Vater. Er hat mich immer als Schuldige dargestellt und immer und immer gefordert,

daß ich wieder zu meinem Mann zurückgehen soll. Was dann ja auch geschehen ist. Ich konnte nicht mehr. Ich denke immer, wenn ich keine Kinder hätte, dann würde ich ganz einfach abhauen. Aber so kann ich das nicht. Was soll ich mit den Kindern machen? Meinem Mann würde ich sie nicht überlassen.

Domian: Ich finde, Yildiz, daß du diesen Mann, deinen Mann, verlassen mußt. Er schlägt dich. Und das sogar oft. Das ist Grund genug zu gehen.

Yildiz: Ja, ich war auch schon einige Male im Krankenhaus. Da hatte er mich so geschlagen, daß ich blutüberströmt war. Und er schlägt immer aus Zorn heraus, immer wegen Kleinigkeiten. Auch die Polizei war da. Aber das ist alles im Sande verlaufen.

Domian: Hast du mal daran gedacht, dich an ein Frauenhaus zu wenden? In einigen Einrichtungen gibt es auch türkische Ansprechpartnerinnen.

Yildiz: Nein, konkret noch nicht. Aber mein Mann läßt mich ja nicht gehen. Er würde mich auch nicht in Ruhe lassen. Er hat, als ich von ihm getrennt war, mir gedroht, mich umzubringen. Einmal war ich während dieser Zeit mit meinen deutschen Freunden in einer Disco. Irgendwie hatte er das erfahren und kam tobend zu dem Laden. Die Türsteher aber haben ihn nicht reingelassen. Also fuhr er zu der Wohnung meiner Eltern, wo ich ja auch wohnte, und hat dort vor der Tür auf mich gewartet. Als ich vom Tanzen zurückkam, hat er mich zusammengeschlagen. Ich habe so laut geschrien, daß mein Vater und mein Bruder aufgewacht sind. Sie haben mir dann geholfen. Aber als mein Vater mitbekam, daß ich alleine, also nur mit meinen Freunden, in einer Disco war, da hat **er** mich geschlagen. Und **wie** er mich geschlagen hat. „So was tut ein türkisches Mädchen nicht", hat er gebrüllt.

Domian: Es muß doch irgend etwas passieren. Du wirst immer unglücklicher.

Yildiz: Ja, da hast du recht. Aber...
(Gesprächspause)
Direkt gesagt: Solange mein Vater lebt, habe ich keine andere Wahl. Erst dann kann ich ausbrechen. Wenn ich es vorher täte, ich bin sicher, er würde mich töten.

Domian: Dein Vater?

Yildiz: Ja. Ich bin ganz sicher. Er ist zwar seit 25 Jahren in Deutschland. Aber sein Geist ist in der alten Türkei.

Domian: Hast du nicht irrsinnigen Haß auf deinen Vater?
Yildiz: Ja!
Domian: Was sagt eigentlich deine Mutter?
Yildiz: Sie hält schon zu mir. Aber sie kann nichts ausrichten. Die Frauen haben bei uns nichts zu sagen. Das ist halt unser Problem.
Domian: Ich kann dir nur wünschen, daß du die Kraft hast, wie auch immer, aus dieser Lage herauszukommen. Und denke doch noch einmal über die Frauenhausidee nach. Versuche mal, nur Kontakt mit den Leuten dort aufzunehmen, vielleicht ein Gespräch zu führen.
Yildiz: Ja, und ich danke dir sehr, daß du dir meine Probleme angehört hast. Vielen Dank.

Enttäuschte Liebe

Die 22jährige Özgül rief bei uns aus Verzweiflung an. Ihr Fall war nicht so drastisch, dennoch schien sie während des gesamten Interviews mit den Tränen zu ringen. Ihre Ehre war verletzt worden.

Özgül: Mein Thema ist . . . (Özgül stockt und schweigt)
Domian: Du hast ein ganz bestimmtes Anliegen?
Özgül: Ja. Ich bin Türkin. Ich bin hier geboren und aufgewachsen. Und ich war seit sieben Jahren nicht mehr in der Türkei. Dieses Jahr aber bin ich rüber gefahren, für sechs Wochen. Und weißt du, Jürgen, in unserer Kultur ist das so eine Sache. Ich bin zwar hier in Deutschland groß geworden und gehe auch zur Universität, aber ich hatte, obwohl ich 22 Jahre bin, noch nie einen Freund. Und der Grund ist: Gehe ich mit einem Türken, heißt es, geht sie mit ihm, geht sie mit jedem, und also ist sie eine Hure. Und geht man mit einem Deutschen, das wird von meiner Familie auch nicht gerne gesehen. Und welcher deutscher Junge würde auch schon ein Versteckspiel mitmachen? Das könnte ich gar keinem zumuten.
Domian: Ja, und du wolltest gerade etwas von deinem Türkei-Urlaub erzählen?
Özgül: Genau. Dort hat es mich ziemlich erwischt. Es war ein Verwandter. Weitläufig. Und ich dachte: Ist das toll. Und wenn er meinen Körper berührte, das war ganz großartig. So ein Gefühl

hatte ich noch nie. Ich habe früher immer darüber nachgedacht, es mir vorgestellt – und genauso war es dann auch. Unglaublich schön.
Domian: Du hast dich also richtig verknallt.
Özgül: Ich habe ihn geheiratet.
Domian: Du hast ihn nach nur ein paar Wochen des Kennens geheiratet?
Özgül: Nur standesamtlich. Aber ich bin nicht verheiratet.
Domian: Das verstehe ich nicht.
Özgül: Bei uns ist das so: Heiraten heißt, das Brautkleid tragen und gemeinsam die Nacht verbringen. Ich habe ihn nur standesamtlich geheiratet, um ihn hier nach Deutschland zu holen. Ich gehöre ihm nicht.
Domian: So ganz verstehe ich dich nicht. Aber du scheinst sehr unglücklich zu sein. Was ist denn passiert?
Özgül: Früher habe ich mich immer einsam gefühlt. Aber wenn man eine Bindung hat und sich dann auch noch einsam fühlt, das ist viel, viel schlimmer.
Er hat mich drei Monate nicht angerufen. Noch ist er in der Türkei. Aber eins nach dem anderen: Nachdem ich von meinem Urlaub wieder hier war, habe ich, nur so aus Jux, an einem Preisausschreiben teilgenommen. Und stell dir vor, das ist Schicksal, ungefähr acht Wochen später bekam ich die Nachricht: „Sie haben eine Reise in die Türkei gewonnen." So was Verrücktes. Ich hatte Zeit – und bin gefahren. Ohne ihn vorher zu benachrichtigen. Und dann ist das Ungeheuerliche passiert. Ich habe entdeckt, durch Zufall und ein wenig wegen Mißtrauen, daß er ein Verhältnis mit einer verheirateten Frau hat. Und diese Frau bekommt sogar ein Kind von ihm. Das weiß ich inzwischen genau. Nämlich von der Frau selbst.
Domian: Er hat dir also die Liebe nur vorgespielt und dich ausgenutzt?
Özgül: Ja. Das ist es! Wie kann ein Mensch so etwas nur tun? Für mich ist Liebe und Nähe etwas so Besonderes. Ich habe mich so lange rein gehalten. Und jetzt das. Zudem bin ich vollkommen blamiert in der Türkei. Er hat mit mir gespielt, alle wußten es wahrscheinlich, zumindest viel früher als ich.
Domian: Aber nicht du bist die Schlechte, er sollte sich vor seinen Leuten und der Verwandtschaft schämen.
Özgül: Ach, das ist bei uns ja alles anders. **Meine** Ehre ist verletzt. Ich habe so lange gewartet – oder warten müssen, bis zu meinem ersten Kontakt mit einem Mann. Und jetzt diese Enttäuschung.

Domian: Wie soll es weitergehen? Kommt er nach Deutschland?
Özgül: Ich habe ihm die Papiere geschickt. Er kann kommen. Er hätte das alles haben können, ohne mich so zu beleidigen. Ich hätte das Spiel mitgespielt, wenn er die Karten auf den Tisch gelegt hätte.
Domian: Haßt du ihn?
Özgül: Nein. Aber ich habe ein Herz. Und ich habe Stolz. Wie es in mir aussieht, zeige ich ihm nicht. Ganz schlimm wird es, wenn meine Familie alles erfährt. Die wissen es noch nicht. Ich habe es hier auch noch niemandem erzählt. Ich schäme mich so.
Und stell dir vor: Ich habe einen so großen Bekanntenkreis, und ich bekomme ständig Gratulationen. Geplant war ja, daß wir hier später richtig heiraten würden. Wenn die Leute mir jetzt schon gratulieren, dann stehe ich immer ganz verlegen da und weiß gar nicht, was ich sagen soll.
Und noch was, das habe ich gerade vergessen zu erzählen: Als ich ihn zur Rede gestellt habe, hat er nur gesagt: „Was hast du denn? Ich habe dich doch noch nie berührt, noch nie geküßt." Da bin ich wortlos weggegangen.
Wenn ich mir heute vorstelle, mit welchen Hintergedanken er mich damals in den Arm genommen hat, er mich damals geküßt hat...
Ich weiß keinen Ausweg mehr...

Es war 1.59 Uhr und 20 Sekunden. Und so hart es auch ist, um 2.00 Uhr **muß** ich das Talk-Radio beenden. Überziehen ist aus technischen Gründen nicht möglich. Also verabschiedete ich mich von Özgül und versuchte, ihr noch ein paar tröstende Worte zu sagen. Was mir aber, glaube ich, nicht gelungen ist.

Alkoholprobleme

In Deutschland gibt es schätzungsweise 2,5 Millionen Alkoholiker. 30 000 bis 40 000 Menschen sterben jährlich an den Folgen übermäßigen Alkoholkonsums.
Heiner (20) meldete sich bei uns im April 1996. Fast weinend und mit zitternder Stimme begann er zu reden:

Heiner: Ja, Jürgen, ich bin Alkoholiker und möchte dir meine Geschichte erzählen.
Ich hatte vor einem Jahr einen Autounfall, nach einem Disco-Besuch. Ich saß am Steuer, hatte getrunken, und mit mir im Auto waren meine drei besten Freunde. Bei diesem Unfall sind meine drei Freunde ums Leben gekommen ...
(Gesprächspause)
Ich war danach auch in Therapie. Aber jetzt stehe ich vor einem Rückfall. Ich verkrafte das alles nicht.
Domian: Wieviel Alkohol hattest du im Blut?
Heiner: 2,7 Promille.
Domian: Warst du auch verletzt?
Heiner: Ja, schwer verletzt. Aber jetzt bin ich wieder gesund – und meine Freunde sind tot. (Heiner weint)
Einer von ihnen war mein bester Freund.
(Gesprächspause)
Domian: Was passierte nach deinem Klinikaufenthalt?
Heiner: Ich habe dann eine stationäre Therapie gemacht. Wegen meiner Alkoholsucht.
Domian: Wie lange warst du dort?
Heiner: Sechs Wochen. Und seitdem habe ich nichts mehr getrunken.
Domian: Nach den sechs Wochen, was war dann?
Heiner: Dann war ich ganz alleine. Meine Arbeit habe ich verloren – und ich habe auch keine Freunde mehr. Ich gehe auch nirgendwo mehr hin. Wenn ich irgendwo hingehe, muß ich immer an den Disco-Abend denken.
(Gesprächspause)
Ich kann das alles nicht mehr ertragen.
Domian: Wie steht deine Familie zu dir?
Heiner: Mein Vater ist tot. Meine Mutter ist tot. Aber dieser Kontakt war ja auch nie gut.
(Gesprächspause)
Der Alkohol hat mein Leben zerstört. Ich habe immer mit kleinen Gruppen in Parks zusammengesessen und getrunken.
Domian: Was warst du von Beruf?
Heiner: Ich war Rohrschlosser. Aber ich war ja nervlich so fertig, daß ich die Anstellung verloren habe. Eine ganze Zeit bekam ich Drohbriefe: „Wir bringen dich um, so wie du die Jungs umgebracht hast."
(Gesprächspause)

Ich habe ja auch drei Leute umgebracht. Ich hätte mit dem Alkohol im Blut nicht fahren dürfen.
*Domian: Heiner, es war ein schreckliches Unglück, aber du hast sie nicht **umgebracht**.*
Heiner: Ja, das stimmt schon. So wörtlich gesehen hast du recht. Aber es paßt halt nicht zusammen: Alkohol und Autofahren.
Domian: Wie überhaupt bist du zum Alkoholiker geworden?
Heiner: Ich trinke schon seit meiner Kindheit. Ich wurde sexuell mißbraucht – von meinem Vater – fast zwei Jahre. Angefangen hat es, als ich sieben war.
Meine ganze Kindheit war eine Katastrophe, und mit zwölf habe ich angefangen zu trinken.
Domian: Hast du das damals heimlich gemacht?
Heiner: Nein, öffentlich. Wir waren eine Klicke und haben zusammen getrunken.
Domian: Hat man es in der Schule bemerkt?
Heiner: Ja. Aber die Lehrer auf der Sonderschule haben sich nicht besonders darum gekümmert.
Domian: Wieviel hast du in der letzten Zeit, bevor es zu dem Unglück kam, getrunken?
Heiner: Am Tag ungefähr sechs Flaschen Wein und noch drei, vier Flaschen Bier.
Domian: Nach deiner stationären Behandlung, hattest du weiter Kontakt mit einem Therapeuten?
Heiner: Nein. Meine Therapeutin hat damals zu mir gesagt, ich bin nicht therapierbar. Weil ich so große Schuldgefühle habe.
Domian: Das hat sie nach sechs Wochen gesagt?
Heiner: Ja, und auch schon vorher.
Domian: Also noch mal im Klartext. Es gibt keinen kompetenten Ansprechpartner für dich?
Heiner: Nein. Ich sehe auch keinen Ausweg mehr für mich. (Gesprächspause)
Vielleicht ist der Tod das Beste für mich. Ich weiß gar nicht mehr, was ich machen soll ... (Heiner weint)
Domian: Heiner, es ist klar, daß du es alleine nicht schaffst. Und wenn eine Psychologin zu dir gesagt hat „Du bist nicht therapierbar", dann heißt das erst einmal gar nichts. Das ist auch völliger Blödsinn. Du brauchst dringend einen festen Ansprechpartner.
Heiner: Aber ich weiß nicht, wie ich den finden soll ...

Ich habe Heiner dann an unseren Psychologen weitergegeben. Für mich blieb die Frage offen: Wie soll man einen Menschen trösten, durch dessen ganz klare Schuld drei Leben ausgelöscht wurden?

Multiple Persönlichkeit

Ich weiß gar nicht, wie oft ich schon den Spielfilm „Dr. Jekyll und Mr. Hyde" gesehen habe. Es ist immer wieder faszinierend für mich, die Hauptfigur mit ihren zwei völlig konträren Persönlichkeiten zu erleben. In einer Märznacht 1996 erzählte mir Jasmin (30) von den etwa 20 Persönlichkeiten, die sie in sich trägt. Dieses Phänomen wird „Multiple Persönlichkeitsstörung" genannt, ist in der Fachwelt als eigenständiges Krankheitsbild allerdings umstritten.

Jasmin: Ich bin eine multiple Person. Und ich möchte darüber erzählen, damit andere Leute von dieser Krankheit erfahren und sie vielleicht sogar etwas verstehen können.
Domian: Was genau verbirgt sich dahinter?
Jasmin: Es ist so, das immer in dem betreffenden Menschen eine neue Persönlichkeit entsteht, wenn er ein todesnahes Erlebnis hat, zum Beispiel Todesängste empfindet oder körperlich sehr gequält wird. Der Mensch springt in eine andere Persönlichkeit über, weil er nicht mehr ertragen kann, was ihm angetan wird. Wenn dann die neue es nicht mehr aushält, bildet sich wieder eine neue, ohne daß die alte oder die alten verschwinden.
Domian: So war es auch bei dir?
Jasmin: Ja, so war es.
Domian: Welches Leid, welche Angst hast du erlebt?
Jasmin: Ich bin von meinem sechsten Lebensmonat bis zu meinem 17. Lebensjahr sexuell mißbraucht worden. Hauptsächlich hat sich mein Vater an mir vergangen. Später haben meine Eltern Freunde eingeladen, um gemeinsam an mir sexuelle Spiele vorzunehmen. Auch meine Brüder waren oft dabei. Meine Mutter hat meistens zugeschaut und mich ruhiggestellt, mich festgehalten. Sie ist somit auch schuldig.
(Gesprächspause)

Domian: Vom sechsten Monat bis zu deinem 17. Lebensjahr?
Jasmin: Ja. Und dann bin ich von zu Hause weggegangen. Ohne daß ich etwas wußte von den verschiedenen Persönlichkeiten in mir. Erst durch meine Therapie habe ich sie entdeckt. Es sind ganz unterschiedliche Typen. Es gibt zum Beispiel in mir ein Kind. Ein kleines Kind. Wenn ich das Kind bin, dann bin ich mit allem, was dazu gehört, Kind und weiß nichts vom Erwachsenenleben. Ich sehe dann auch anders aus, man kann es an den Gesichtszügen sehen. Auch die Stimme ist stark verändert. Ich empfinde wie ein Kind, denke und spreche so. Kann auch nicht lesen.
Domian: Bist du dann jeweils in den entsprechenden Persönlichkeiten vollkommen isoliert, sprich gänzlich von ihnen eingenommen?
Jasmin: Durch meine Therapie hat sich einiges geändert. Früher war es genau so, wie du sagtest. Mittlerweile kriege ich schon von den einzelnen Personen etwas mit.
Domian: Wieviel Personen gibt es in dir?
Jasmin: Im Moment etwa 20. Ich denke aber, daß da noch einige hinzukommen werden.
Domian: Kannst du ein paar Persönlichkeiten beschreiben?
Jasmin: Es gibt Rosa zum Beispiel, die ist sechs Monate alt. Dann Karin, die ist fünf Jahre. Dann gibt es einen Jungen, Roman ist sein Name, zwölf Jahre alt. Oder Ralf, der ist älter und sehr aggressiv, der zerschneidet immer die Arme. Meine Arme sind dann zerschnitten. Eine andere Person geht regelmäßig auf den Strich.
Domian: Tut die das, tust du das dann auch wirklich?
Jasmin: Ja. Die Person geht mit meinem Körper auf den Strich.
Domian: Mit welcher rede ich jetzt eigentlich?
Jasmin: Das ist die Hauptpersönlichkeit. Die Außenperson.
Domian: Können die Persönlichkeiten untereinander in Kontakt treten?
Jasmin: Ja, durch die Therapie. Die mache ich seit fünf Jahren. Trotzdem passiert es immer noch, daß einzelne Personen etwas tun, von dem ich nichts mehr weiß. Ich habe Zeitverluste. Zum Beispiel habe ich mich einmal vor dem Haus meiner Eltern wiedergefunden und wußte gar nicht, wie ich dahingekommen war.
Domian: Wie lange hält so eine spezifische Persönlichkeitsphase an?
Jasmin: Das ist vollkommen unterschiedlich. Manchmal Stunden, manchmal auch Tage.

Domian: Kann es passieren, daß während des Gespräches jetzt ein Wechsel stattfindet?
Jasmin: Früher wäre das möglich gewesen, durch die Therapie allerdings kann es dazu nicht mehr kommen. Ich habe das unter Kontrolle.
Domian: Haben alle Persönlichkeiten etwas mit dir zu tun? Ist ihr jeweiliger Charakter eine Verbindung in deine Vergangenheit?
Jasmin: Ja.
Domian: Sind sie folglich erklärbar?
Jasmin: Bis jetzt noch nicht. Ich hoffe, daß das Puzzle irgendwann zusammengesetzt sein wird und man dann die Personen und Funktionen erklären kann.
Domian: Hast du früher, vor der Therapie, nicht Angst vor dir selbst gehabt?
Jasmin: Nein. Ich kannte es ja nicht anders. Für mich war es normal, verschiedene Persönlichkeiten zu haben.
Domian: Das war die Reaktion des Kindes auf den vorhin von dir beschriebenen Horror?
Jasmin: Ja, genau.
Domian: Ist es dir dann in der Therapie wie Schuppen von den Augen gefallen?
Jasmin: Nein, so kann man es nicht sagen. Meine Therapeutin hat mir gesagt, daß sie den Verdacht hätte...
Domian: ...daß du eine multiple Persönlichkeit bist?
Jasmin: Ja. Aber ich habe es anfangs immer abgestritten. „Die spinnt", habe ich lange gedacht. Bis ich es dann langsam angenommen und kapiert habe.
Domian: Kannst du ein relativ normales Leben führen? Gehst du arbeiten?
Jasmin: Nein, das geht nicht. Ich hoffe, daß es in zwei Jahren wenn die Therapie zu Ende ist, funktioniert.
Domian: Jasmin, mich wundert, daß du, nachdem, was du erlitten hast, sowohl in deiner Kindheit und auch durch deine Krankheit, so völlig normal und fit wirkst und redest.
Jasmin: Das ist eine richtige Schwierigkeit. Man merkt es mir nicht an. Man sieht es mir auch nicht an. Ich wirke immer fit und klar. Aber das ist eben dann nur die Außenperson. Bevor ich bei dir gerade drangekommen bin, ich mußte ja noch ein wenig warten, da saß ich hier mit Schnuller und war immer kurz vorm Heulen. Und schlagartig als du mich angesprochen hast, da war ich die Jasmin.

Domian: Lebst du alleine?
Jasmin: Ja.
Domian: Hast du – nach dem, was passiert ist – die Fähigkeit entwickeln können, einen Menschen zu lieben?
Jasmin: Nein. Obwohl ich mich zur Zeit in die Richtung bewege. Aber nicht im sexuellen Sinne.
Domian: Du sagtest vorhin, daß zu den 20 Persönlichkeiten wahrscheinlich noch mehr dazukommen werden. Warum?
Jasmin: Das ist so. Es handelt sich um Personen, die in der Vergangenheit entstanden sind, die ich aber noch nicht kenne. In den Therapiestunden treten diese Personen zutage. Die Therapeutin erzählt mir das dann hinterher. Daß sich eine neue Person vorgestellt hat. Ich selbst kann das während der Sitzung gar nicht so einordnen.
Domian: Besteht die Hoffnung, daß du irgendwann ganz gesund sein wirst? Daß du quasi all diese Personen verlierst und ein Ich übrigbleibt?
Jasmin: Das kommt darauf an, wie ich das möchte. Ein Ziel wäre schon, daß sich Personen ineinander integrieren, daß sie verschmelzen. Alle werden bestimmt nicht verschwinden, weil es welche gibt, die einzeln bleiben wollen.
Domian: Ich wünsche dir alles Gute.

Cocktail

Die klassische Methode ein Kind zu zeugen ist hinlänglich bekannt. Folglich würde darüber kaum jemand berichten. Wie überall jedoch, so gibt es auch hier Ausnahmen, die durchaus berichtenswert sind. Das muß sich wohl auch Silke (20) gedacht haben, als sie bei uns anrief und über ihre außergewöhnliche „Befruchtung" erzählte:

Silke: Wir sind eine Clique, drei Schwule und ich, und ich bin lesbisch. Und unsere Überlegung war folgende: Das Leben ist ja so sehr schön, aber wir wollen doch Nachkommen haben.
Domian: Ihr wollt euch also vermehren?

Silke: Genau. Also haben wir eine Familienplanung gemacht und sie auch in die Tat umgesetzt.
Domian: Moment. Erst einmal: Wer ist „wir"?
Silke: Na, die drei Schwulen und ich.
Domian: Und ihr vier habt eine Familienplanung in die Tat umgesetzt? Ganz Deutschland fiebert jetzt, wie das praktisch aussah!
Silke: Das war so. Wir saßen an einem Abend mal alle sehr nett zusammen, hatten auch was getrunken, und dann kam uns die Idee mit der Cocktailglas-Methode.
Domian: Die Cocktailglas-Methode?
Silke: Ja, man nehme ein Cocktailglas, man nehme Männer – und die Männer verschwinden dann mit dem Glas auf der Toilette. Und dann wurde mir das zugeführt.
Domian: Von wem?
Silke: Von meiner Freundin. Einfach so. Aber beim ersten Mal hat es nicht geklappt. Dafür beim zweiten Mal. Und jetzt bin ich im dritten Monat schwanger.
Domian: Nein!
Silke: Doch!
Domian: Und du weißt nicht, wer der Vater ist?
Silke: Nein. Aber das kann man ja vielleicht später erkennen.
Domian: Sind die Jungs so unterschiedlich?
Silke: Ja, total. Der eine hat etwas von Dirk Bach, der andere ist unser Bodyguard, und der dritte ist eher die Tunte.
Domian: Nun stell dir vor, es wird ein Junge, der von allen etwas hat. Ein tuntiger Bodyguard mit dickem Bauch.
Silke: Das wäre doch schön.
Domian: Das klingt schräg und verrückt. Es klingt auch witzig. Aber irgendwann ist das vielleicht alles andere als witzig. Es gibt zum Beispiel keinen klar erkennbaren, benennbaren Vater. Soll das wirklich so bleiben?
Silke: Es soll eigentlich offenbleiben. Vorerst. Vielleicht klären wir das später, wenn das Kind es wünscht. Wir wollen es jetzt und die nächste Zeit auf jeden Fall offenlassen.
Domian: Somit haben die Jungs auch keinerlei Rechte und Pflichten.
Silke: Im üblichen Sinne nicht. Aber bei uns ist das gut geregelt. Wir wohnen in einer WG, und das schon seit dreieinhalb Jahren, und alles läuft extrem gut.

Domian: Ja, bis jetzt. Aber es können schnell Konflikte entstehen. Besonders, wenn ein Kind da ist.

Silke: Ich hoffe, daß wir uns immer wieder arrangieren werden. Es ist auch wirklich keine Schnapsidee gewesen. Wir haben uns sehr lange Gedanken gemacht, und für das Kind ist auch gesorgt. Die Jungs werden zum Beispiel alle regelmäßig für das Kind Geld zahlen.

Domian: Ist das vertraglich geregelt?

Silke: Nein, das haben wir so ausgemacht, mündlich.

Domian: Hoffentlich läuft da nichts schief. Ich bin da eher skeptisch.

Silke: Vielleicht sollte ich über diesen Punkt wirklich noch mal nachdenken.

Domian: Fänd' ich gut. Das ist ja kein kurzfristiger Spaß. Hier geht es schließlich um einen neuen Menschen. Welche Rolle spielt eigentlich deine Freundin in dem ganzen Spiel?

Silke: Eher eine Nebenrolle. Wir sind auch in einer Krise. Ich möchte das Kind. Und ich bin stolz, daß es nicht nur **einen** Papi, sondern gleich drei hat.

Domian: Wenn ihr euch versteht und zusammenrauft, könnte das eine durchaus interessante Konstellation werden. Sehr unkonventionell. Soll's ein Junge oder ein Mädchen werden?

Silke: Mir ist das egal. Die Jungs hätten natürlich gerne einen Jungen. Aber eigentlich ist es allen egal. Hauptsache, es ist gesund.

Domian: Schön, daß du angerufen hast. Und ich denke, wir sollten in Kontakt bleiben. Melde dich doch noch mal bei uns. Vielleicht in einem halben Jahr.

Silke: Werde ich machen. Tschau.

Der Schwanz

Heißes Thema bei uns im Herbst 1995: „Der Schwanz". Wie groß sollte er sein? Welche Form wird bevorzugt? Sind beschnittene Männer die besseren Liebhaber?

Wir haben uns gefreut, wie differenziert und wie wenig schlüpfrig die Anrufer und Anruferinnen sich zu diesem Thema äußerten, zum Beispiel Sandra (27), Achim (20) und Jan (23).

Sandra: Ich bin der Meinung, daß der Penis eines Mannes durchaus groß sein sollte.
Domian: Viele Frauen sagen: Nicht die Größe macht's, sondern die Technik.
Sandra: Diese Frauen, finde ich, machen sich was vor.
Domian: Wie groß sollte er denn nach deinem Geschmack sein?
Sandra: Mindestens 18 cm. Ich hatte mal einen Freund, der sehr nett war und auch sehr hübsch aussah – aber sein Schwanz war ein Schwänzchen. Wir waren eine Weile zusammen, und schon bald hatte ich keine Lust mehr, mit ihm zu schlafen. Daran, so kraß das auch ist, daran ist die Beziehung gescheitert.
Domian: Ist denn für dich der Schwanz das wichtigste am Manne?
Sandra: Nein, nicht unbedingt. Auch der Po muß stimmen. Er muß hart und klein sein, wie ein Apfel. Und auf Hände und Arme achte ich auch sehr.
Domian: Wenn du einen Mann kennenlernst, schaust du ihm zuerst auf die Hose – hinten oder vorne?
Sandra: Nein, in die Augen. Und ich habe die Erfahrung gemacht, daß ein selbstbewußter Blick auf einen guten Schwanz hindeutet. Die Kurzen haben doch immer Komplexe.
Domian: Viele Frauen kritisieren an zu langen Schwänzen, daß es ihnen beim Sex weh tut.
Sandra: Ja, wenn er über 30 cm ist. Ich finde auch, daß es auf Technik ankommt. Du glaubst gar nicht, wie geil es ist, einen großen Schwanz ganz vorsichtig, ganz tief in sich eindringen zu lassen.
Domian: Ach, ich kann mir das schon vorstellen.
Sandra: Natürlich muß man damit umzugehen wissen.
Domian: Wie muß das Geschlechtsteil denn sonst noch so aussehen?
Sandra: Ich liebe beschnittene Schwänze. Einmal wegen der Hygiene, und beschnittene Männer können halt länger. Ansonsten mag ich eng anliegende Hoden, nicht dieses Geschlabber.
Domian: Wie sieht es mit dem Penisumfang aus?
Sandra: Er sollte nicht zu dick und nicht gerade dünn sein.
Domian: Hast du zur Zeit einen Freund?

Sandra: Ja, und das Tolle ist, bis auf den Hodensack, es stimmt alles bei ihm. Sehr geil.
Domian: Magst du ihn auch gerne anfassen. Den Schwanz?
Sandra: Ja, sehr.
Domian: Magst du ihn gerne in den Mund nehmen?
Sandra: Ja.
Domian: Machst du das deinem Freund zuliebe, oder findest du das selbst auch scharf?
Sandra: Früher habe ich das nur für die Männer getan. Aber je mehr ich meine Hemmungen und meine Erziehung losgeworden bin, desto mehr Spaß macht es mir auch.
Domian: Du bläst also gerne?
Sandra: Kann man so sagen.
Domian: Viele Männer lieben es, im Mund der Partnerin – oder des Partners – einen Orgasmus zu bekommen...
Sandra: Oh, ja, mein Freund auch. Und da wir uns treu sind und wir beide einen Aidstest gemacht haben, können wir das so richtig genießen. Ich habe eine gute Freundin, die findet das ekelhaft. Ich finde das geil. Aber nur, wenn ich sehr verliebt bin.
Domian: Redest du mit anderen Frauen, mit Freundinnen über Schwänze?
Sandra: Ja. Obwohl ich auch einige Freundinnen habe, denen das peinlich ist.
Domian: Gibt es ein Kosewort für den Schwanz deines Freundes?
Sandra: Ja, wir nennen ihn Gustav. Das ist uns im Jux mal so eingefallen.
Domian: Meine Empfehlung an Gustav!

Achim: Ich habe mit meinem Schwanz Probleme. Er ist ziemlich klein. Erigiert mißt er etwa 9,5 cm.
Domian: Ist nicht der Knaller, aber es gibt noch kleinere.
Achim: Ja, wie man es nimmt. Ich habe jedenfalls ziemliche Komplexe.
Domian: Hast du auch schlechte Erfahrungen gemacht?
Achim: Bei meiner ersten Freundin war das schon ein Problem. Als wir zum ersten Mal miteinander schlafen wollten, da habe ich mich sehr geschämt.
Domian: Hat sie irgend etwas gesagt – oder negativ reagiert?

Achim: Gesagt hat sie nichts, aber reagiert.
Domian: In welcher Weise?
Achim: Sie hat komisch geguckt. Und vorher, als sie ihn im Dunklen angefaßt hatte, schreckte sie fast ein wenig zurück. Die Beziehung hat auch nicht lange gehalten.
Domian: Und du meinst, das lag an deinem kleinen Schwanz?
Achim: Könnte sein. Offen geredet haben wir nie darüber. Aber ich merkte, daß ihr der Sex keinen Spaß machte.
Domian: Es gibt so viele Frauen, denen die Größe relativ egal ist, die sogar kleinere bevorzugen.
Achim: Ja, das habe ich auch schon gehört. Aber mir hilft das nichts. Ich bin deshalb total gehemmt in meiner Sexualität. Ich versuch's auch immer im Dunklen zu machen. Ich schäme mich eben so, mich vor einer Frau auszuziehen, die Unterhose auszuziehen.
Domian: Hattest du schon viele Frauen?
Achim: Fünf. Aber noch keine längere Beziehung.
Domian: Wann ist dir eigentlich zum ersten Mal aufgefallen, daß deiner kleiner ist als der Durchschnitt?
Achim: Beim Sport, da war ich 16. Dann auch durch Pornos. Heute meide ich es, irgendwo zu duschen. Wenn ich eine Frau kennenlerne, versuche ich den Sex so lange wie möglich hinauszuschieben. Ich habe es sogar schon einmal einer Frau mit dem Mund gemacht und dabei meine Unterhose angelassen. „Weil ich das geiler finde", habe ich zu ihr gesagt. Danach bin ich auf die Toilette gegangen und habe mir einen runtergeholt.
Domian: Ist dein Schwanz denn sonst in Ordnung?
Achim: Was heißt „in Ordnung"?
Domian: Sieht er normal aus?
Achim: Na ja, das ist ja auch noch so ein Punkt. Er ist etwas krumm, nach vorne gebogen, und recht dünn. Ich mag ihn selbst überhaupt nicht. Beim Wichsen gucke ich gar nicht hin.
Domian: Wie haben eigentlich die anderen Frauen auf ihn reagiert?
Achim: Die eine hat ihn ja gar nicht gesehen. Die anderen haben nichts gesagt. Aber keine hat mir einen geblasen.
Domian: Wie bist du sonst gebaut?
Achim: Eigentlich gut. Ich glaube, daß ich sogar gut aussehe. Um so enttäuschter sind die Frauen dann wohl. Im Moment ist es so, daß ich schon gar keine Lust mehr habe, eine Frau kennenzulernen.

Domian: Du wirst, Achim, mit deinem kleinen Schwanz leben müssen. Es gibt keine seriöse Methode, den Penis zu vergrößern. Aber es scheint ja ein geradezu lebensbestimmendes Problem für dich zu sein. Deshalb würde ich dir dringend raten, in eine Beratung zu gehen. Vielleicht zu Pro Familia. Oder direkt zu einem Therapeuten. Du mußt einfach lernen, dich so anzunehmen, wie du bist, und vor allem auch deine Qualitäten zu sehen.
Achim: Vielleicht hast du recht. Ich vereinsame sonst. Aber es würde eine ganz große Überwindung kosten, dort offen darüber zu sprechen.
Domian: Der Anfang ist gemacht! Du hast hier ja offen gesprochen. Alles Gute und tschüs.

Jan: Ich bin schwul und stehe total auf beschnittene Schwänze.
Domian: Die Größe ist dir egal?
Jan: Nein, natürlich nicht. So 16 bis 18 cm finde ich scharf.
Domian: Und beschnitten?
Jan: Auf jeden Fall.
Domian: Warum?
Jan: Ich finde beschnittene Schwänze sehen im schlaffen und erigierten Zustand einfach erotischer aus. Selbst der absolut schlaffe strahlt noch so eine Geilheit aus. Es wirkt auf mich auch männlicher.
Domian: Aber man kann mit dem kleinen Häutchen doch so viele wunderbare Sachen machen.
Jan: Was denn?
Domian: Na ja, zum Beispiel hin und her schieben, hoch und runter ziehen.
Jan: Ja – und dann stinkt es.
Domian: Es stinkt?
Jan: Weil sich unter der Vorhaut immer etwas bildet, Bakterien und so. Und die riechen.
Domian: Erstens kann man sich da ja auch waschen. Und zweitens soll es Leute geben, die so einen leichten Schwanzgeruch auch durchaus inspirierend finden.
Jan: Ich nicht. Ich nehme gerne einen absolut sauberen Schwanz in den Mund. Außerdem fühlt sich, wenn man beschnitten ist, auch alles so toll straff an.
Domian: Bist du selbst auch beschnitten?

Jan: Ich habe mich vor drei Jahren beschneiden lassen.
Domian: Das ist ja ein Ding. Nur, weil es dir so gut gefällt?
Jan: Ja.
Domian: Ist das nicht sehr schmerzhaft?
Jan: Nicht besonders. Eigentlich nur die ersten Tage. Und nach ein paar Wochen war ich wieder voll einsatzfähig.
Domian: Wie war der erste Sex oben ohne?
Jan: Super. Ich habe ein ganz neues Schwanzgefühl gehabt. Früher war ich immer so auf die Eichel konzentriert. Und jetzt ist der ganze Penis einbezogen. Alles ist empfindlich und erregbar. Auch zum Onanieren nehme ich jetzt den ganzen Schwanz und bearbeite ihn. Es ist nicht nur so wie früher diese Fummelei oben herum.
*Domian: Was weg ist, ist weg. Vielleicht **mußt** du es jetzt auch so sehen!?*
Jan: Nein, nein. Und ich komme auch besser an. Ich gehe oft in die Sauna, in schwule Häuser, du verstehst. Und die Männer gukken mir dort, seit ich beschnitten bin, viel interessierter zwischen die Beine als vorher.
Domian: Nimmst du auch nur beschnittene Männer?
Jan: Sie haben Vorrang. Auch beim Anal-Sex ist mir ein Beschnittener lieber. Man kann es so toll hinauszögern.
Domian: Hast du die Erfahrung an dir auch gemacht, daß du ausdauernder geworden bist?
Jan: Die ersten Monate war das nicht so. Jetzt ist es eindeutig so.
*Domian: Du verliebst dich unsterblich in einen Traum-Burschen. Die Liebe wird erwidert. Und in der ersten Nacht passiert die Katastrophe: Du mußt sehen, daß er **nicht** beschnitten ist. Wie geht's weiter?*
Jan: Könnte vielleicht ein Problem werden. Dauerhaften Sex finde ich halt nur beschnitten geil.
Domian: Find' ich übertrieben. Die Liebe muß doch wichtiger sein, als so ein Stückchen Haut – ob dran oder nicht dran.
Jan: Ich würde ihn vielleicht bequatschen, sich auch beschneiden zu lassen.
Domian: Keine schlechte Idee. Lustig wird es dann nur, wenn's ihm hinterher nicht gefällt und er das Häutchen vermißt.
Jan: Dann kann er es ja wie ich machen. Ich gucke es mir manchmal an.
Domian: Wie bitte?

Jan: Ja, ich habe einen tollen Arzt, übrigens auch schwul. Der hat mir das Stückchen mitgegeben. Das schwimmt jetzt in einer Tinktur in einem kleinen Glas und steht in einem Regal in meinem Flur.

Sodomie

Das folgende Gespräch zählt wohl zu den Highlights des Talk-Radios. In fast allen Interviews werde ich darauf angesprochen. Etwa 200 Briefe erreichten mich dazu. Es gab heftige Kritik und schenkelklopfenden Zuspruch. Kein Thema hat bisher so sehr polarisiert.
Mirco, ein 19jähriger Marokkaner, der seit langem in Deutschland lebt, war am anderen Ende der Leitung. Auf die Frage, über was er sprechen möchte, bekam ich zur Antwort: „Über Sodomie."

Mirco: In Marokko ist es sehr verbreitet, Sex mit Tieren zu haben. Zum Beispiel mit Hunden oder auch mit Pferden. Es wird vielen eklig vorkommen, aber gerade deshalb rufe ich heute bei dir an.
Domian: Na dann erzähl mal. Hast du es auch schon gemacht?
Mirco: Mein Vater hat hier in der Eifel einen Bauernhof. Er züchtet Schafe. Und er hat, als ich klein war, immer Sex mit Schafen gemacht. Es fing wohl nach dem Tod meiner Mutter an. Ich fand das damals immer eklig. Ich habe ihn dabei einige Male durch Zufall beobachtet und hätte fast kotzen können.
Als ich aber so ungefähr 17 war und Haschisch geraucht hatte, da habe ich es zum ersten Mal ausprobiert mit einer Ziege. Und seitdem habe ich fast keine Lust mehr, mit Frauen zu schlafen, sondern nur noch mit Tieren. Mein Opa in Marokko macht das auch nur noch. Meine Oma ist abgemeldet – und er schläft nur noch mit seiner Lieblingsziege.
Domian: Entschuldige, wenn ich da etwas lachen muß. Klingt schon sehr abgedreht.
Mirco: Ja, deshalb habe ich auch angerufen. Ich möchte euch diese Kultur etwas näher bringen.

Domian: (schmunzelnd) Gut, wir können über alles reden. Mich wundert nur, daß dich die Ziege mehr anmacht als eine Frau.
Mirco: Über die Ziege habe ich die absolute Herrschaft. Das ist es. Eine Frau will manchmal auch noch reden.
Domian: Als du es das erste Mal gemacht hast, war das eine Überwindung?
Mirco: Ich war durch das Haschisch enthemmt. Und dann wurde es zu einem wunderbaren Erlebnis.
Domian: Und die Ziege muß das über sich ergehen lassen. Tust du ihr eigentlich nicht weh dabei?
Mirco: Ich weiß es nicht. Meistens hält sie still. Mein sexueller Wille aber ist stärker als das Mitleid mit dem Tier.
Domian: Quälst du es doch?
Mirco: Nein, das glaube ich nicht. Außerdem habe ich einen ziemlich kleinen Schwanz.
Domian: Hast du ausschließlich Sex mit der Ziege?
Mirco: Nein, ich hab auch noch eine Freundin. Mit der schlafe ich natürlich zusätzlich. Damit keine Krankheiten übertragen werden, nehme ich bei der Ziege Gummis.
Domian: Weiß deine Freundin von ihrer Nebenbuhlerin?
Mirco: Nein, ich verberge es noch.
Domian: Wenn deine Freundin auch mit einem Tier Sex hätte, zum Beispiel mit einem Hund...
Mirco: Sie dürfte das absolut nicht. Das ist in Marokko verboten.
Domian: Aber du darfst es?!
Mirco: Es ist in Marokko eben alter Brauch bei Männern.
Domian: Ja, so seid ihr drauf. Viel Spaß noch mit deiner Ziege.

Besonders mein letzter Satz war Anlaß für heftige Kritik. Ein paar militante TierschützerInnen beschimpften mich gar als „faschistoiden Macho".
Sodomie ist so alt wie die Menschheit. Ich kann mir für meine Person Sex mit Tieren nicht vorstellen. Aber, wie sagt man in Köln so schön: „Jeder Jeck ist anders." Wobei ich die Argumente der Kritiker sehr ernst nehme. In der Tat ist nicht klar zu sagen, ob oder ab wann ein Tier bei solchen Praktiken leidet. Mich hat allerdings sehr geärgert, daß sich die Leute beim Thema Sodomie weitaus mehr ereiferten und engagierten als beim Thema Kindesmißbrauch.

Kindesmißbrauch

Domian: Jetzt ist Birgit am Telefon, 16 Jahre. Was ist dein Thema?
Birgit: (zögerlich) Vergewaltigung von Kindern und Jugendlichen.
Domian: Bist du selbst betroffen?
Birgit: Ja. (Birgit atmet schwer)
Domian: Wann war das?
Birgit: Mit vier.
Domian: Passierte es einmal?
Birgit: Nein, es war dann immer.
Domian: Immer? Bis heute?
(Gesprächspause)
Birgit: Ja.
Domian: Und wer macht das?
Birgit: Mein Bruder. (atmet wieder schwer)
Domian: Lebst du noch zu Hause?
Birgit: Ja.
Domian: Wie alt ist der Bruder?
Birgit: 25 Jahre.
Domian: Lebt er auch noch zu Hause?
Birgit: Ja.
Domian: Und er macht es bis heute mit dir?
Birgit: Ja.
Domian: Wer weiß davon?
Birgit: Keiner.
Domian: Du erzählst das jetzt hier zum ersten Mal?
Birgit: Ja. Ich hab' deine Sendung gestern zum ersten Mal gesehen. Und dann hab' ich mir gedacht „versuch's".
Domian: Wie oft macht es der Bruder?
Birgit: Fast jeden Tag.
(Gesprächspause)
Meine Eltern sind beide berufstätig. Er ist arbeitslos. Und wenn die Eltern nicht da sind ...
Domian: Läßt du es über dich ergehen – oder wehrst du dich?
Birgit: Es hilft nichts, wenn ich mich wehre.
(Gesprächspause)
Domian: Du bist wegen dieser Sache sehr, sehr traurig?

Birgit: Ja.
Domian: Hast du mit deinem Bruder versucht, darüber zu reden?
Birgit: Nein. Als es angefangen hat, hat er gesagt: „Komm, wir machen Doktorspiele, das muß sein, das gehört sich so."
Domian: Hast du mal darüber nachgedacht, es deiner Mutter zu erzählen?
Birgit: Nein. Ich habe Angst.
Domian: Vor was?
Birgit: Ich weiß es nicht.
Domian: Hast du denn zu deiner Mutter ein gutes Verhältnis?
Birgit: Ja, schon.
Domian: Und zu deinem Vater?
Birgit: Nicht so gut. Ich habe zu Männern eigentlich keinen Kontakt mehr. Wobei ich vielleicht schon gerne auch mal einen Freund hätte. Aber da sind die Kontaktschwierigkeiten.
Domian: Ist das nicht sehr schwer für dich, jetzt hier über alles zu sprechen?
(Gesprächspause)
Birgit: Oh ja.
Domian: Liebe Birgit. Ich bin ganz fest und klar der Meinung, daß du etwas unternehmen mußt. Du hast jetzt den ersten Schritt gemacht und hast hier angerufen. Das finde ich ganz toll und sehr mutig von dir. Du mußt auch einen zweiten Schritt machen.
Birgit: Ich hab' schon was unternommen.
Domian: So? Was denn?
Birgit: Ich hab' zwei Selbstmordversuche hinter mir.
Domian: Das meine ich nicht damit. Wie schlimm waren die Versuche?
Birgit: Habe zwei Wochen im Krankenhaus gelegen.
Domian: Hat man dich nach den Gründen gefragt?
Birgit: Ja.
Domian: Und was hast du geantwortet?
Birgit: Nur so.
Domian: Und man hat nicht weitergefragt?
Birgit: Nein.
Domian: Wie haben die Eltern reagiert?
Birgit: Geschockt.
Domian: Und du hast kein gutes Gefühl bei der Vorstellung, es deiner Mutter zu sagen?
Birgit: Nein.

Domian: Lebst du in der Nähe einer Großstadt?
Birgit: Ja.
Domian: Es gibt in allen Großstädten Gruppen, das sind eingetragene Vereine, wo sich Menschen zusammengetan haben, die ähnliches erlebt haben oder erleben wie du. Die das gleiche Schicksal haben. Es gibt zum Beispiel eine Gruppe, die nennt sich „Zartbitter".
Bitte, Birgit, bleib jetzt am Telefon. Ich möchte, daß du mit unserer Psychologin noch ein wenig redest. Das ist die Elke. Und die kann dir auch eine Kontaktanschrift von zum Beispiel „Zartbitter" in deiner Nähe sagen.
Und dann möchte ich dich sehr bitten, dort mal anzurufen, dich mit denen in Verbindung zu setzen. Ich kann dir persönlich versichern, daß du dort mit deinem Anliegen und deinem Leid an der richtigen Adresse bist. Du brauchst dort keine Angst zu haben. Und du brauchst dich dort nicht zu schämen. Alle dort kennen solche Gefühle, wie du sie hast.
Ich glaube, daß wäre der richtige nächste Schritt. Denn so kann es nicht weitergehen. Also, bitte bleib jetzt am Telefon, wir schalten dich jetzt rüber zur Elke...
 Birgit: Ich möchte noch etwas sagen. Ich möchte mich bei dir bedanken, daß ich endlich mal mit jemandem reden konnte. Und ich will allen raten, denen so was auch passiert, es ihren Eltern zu erzählen. Auch wenn ich es selber nicht gemacht habe.
 Domian: Also, Birgit. Noch mal meine große Bitte an dich, bleib jetzt nicht stehen. Geh zu „Zartbitter". Das, was dein Bruder mit dir gemacht hat, ist die größte Schweinerei überhaupt. Du trägst daran überhaupt keine Schuld. Und du hast eine Chance für ein schönes und gutes Leben. Ich wünsche dir alles Gute.

Eine Woche später, wir befanden uns schon in der zweiten Hälfte der Sendung, las ich auf meinem Computerbildschirm, der mir die Gesprächsteilnehmer anzeigt: Birgit, 16 Jahre.

 Birgit: Ich habe letzten Freitag bei dir angerufen. Die Vergewaltigung durch meinen Bruder...
 Domian: Ja, ich erinnere mich natürlich.
 Birgit: Ich wollte dir erzählen, was bis heute geschehen ist. Ich war bei „Zartbitter" und die haben mir geraten, alles sofort den

Eltern zu sagen. Und gestern habe ich es gemacht. Mein Bruder ist sofort rausgeschmissen worden. Und wir haben vor, nächste Woche zur Kriminalpolizei zu gehen.
Domian: Wie haben deine Eltern reagiert, als du es ausgesprochen hast?
Birgit: Zuerst wollten sie mich schlagen, und dann haben sie mich in den Arm genommen und haben geheult.
(Gesprächspause)
Das war sehr schwer.
Domian: Haben sie es überhaupt glauben wollen und können?
Birgit: Nein. Sie dachten, ich spinne. Dann haben sie aber meinen Bruder geholt. Der hat zuerst alles abgestritten. Aber bald hat er es zugegeben. Vielleicht hat er sich auch schlecht gefühlt, ich weiß es nicht. Die ganze Zeit hatte ich Angst vor ihm.
Domian: Hattest du den Eindruck, daß es ihm leid tut?
Birgit: Ich glaub' schon. Ich weiß es nicht.
Domian: Hat er dir während des Gespräches in die Augen schauen können?
Birgit: Nein.
Domian: Und dann haben ihn die Eltern rausgeschmissen?
Birgit: Ja, sofort. Wo er jetzt ist, wissen wir nicht.
Domian: Und nächste Woche wollt ihr zur Polizei gehen und ihn anzeigen?
Birgit: Ja. Und die Eltern stehen hinter mir. (Birgit atmet schwer)
Domian: Wie fühlst du dich jetzt?
Birgit: Einerseits erleichtert. Andererseits total beschissen.
Domian: Warum beschissen?
Birgit: Ich fühle mich irgendwie schuldig an allem, was passiert ist.
Domian: Warum?
Birgit: Weil ich nicht zu ihm gesagt habe, er soll aufhören – und weil ich meinen Eltern nicht früher Bescheid gesagt habe.
Domian: Über die Frage der Schuld haben wir ja schon gesprochen. Nicht du, Birgit, trägst Schuld, sondern er alleine.
Birgit: Ich habe innerlich so große Angst.
Domian: Vor was?
(Gesprächspause)
Birgit: Vielleicht tut mein Bruder mir was an ...
Domian: Du kennst ihn ja sehr gut. Neigt er zu Gewalttätigkeiten?

Birgit: Ja.
Domian: Trotz allem, Birgit, ich glaube, daß du absolut richtig gehandelt hast. Ich habe großen Respekt vor deinem Mut: Hier anzurufen, dann in eine Beratungsstelle zu gehen und es deinen Eltern zu sagen. Sicher kommen noch schwierige Dinge auf dich zu. Aber du bist in guten Händen. Und du wirst es bestimmt schaffen, das glaube ich, so wie ich dich jetzt kennengelernt habe.
Birgit: Das hoffe ich sehr.
Domian: Ich wünsche dir für die nächsten Schritte ganz viel Kraft. Und schön, daß du dich noch mal gemeldet hast.
Birgit: Ich würde dich gerne noch etwas fragen. Du bekommst so viele Probleme zu hören. Die Menschen erzählen dir so viel. Wie gehst du damit um?
(Gesprächspause)
Domian: Mir gehen sehr viele Sachen sehr nach. Ich denke darüber zu Hause nach, oft noch vor dem Einschlafen, und dann immer wieder. Man kann nicht eine Stunde Talk-Radio machen und dann so tun, als wäre nichts gewesen.
Meine Mitarbeiter und ich sprechen auch nach der Sendung manchmal noch sehr lange miteinander. Und meinen Freunden erzähle ich ebenfalls von den bewegendsten Anrufen. Und alles hat auch was Positives: Ich nehme mich selbst nicht mehr so wichtig.
Birgit: Gut, daß es dich und deine Sendung gibt. Viele Grüße auch an dein Team.

Etwa vier Wochen später bekam ich von Birgit ein Päckchen. Darin war ein Geschenk für das DOMIAN-Team, ein sehr hübscher Teddy. Im beiliegenden Brief bedankte sie sich noch einmal. Zwar sei das Leben nach wie vor sehr schwer für sie, schrieb sie, aber sie habe endlich das Gefühl, Licht zu sehen.

Inzest

Durch meine Arbeit als Talk-Radio-Moderator ist mir klar geworden, wie erschreckend hoch die Zahl der sexuell mißbrauchten Menschen in unserer Gesellschaft ist. Dazu zählen die furchtbaren

Vergehen an Mädchen und Jungen, die Vergewaltigungen in und außerhalb der Ehe und die noch weitgehend tabuisierten sexuellen Gewalttaten von Männern an Männern.
Immer wieder wurden mir Tragödien berichtet, die sich im abgeschotteten Refugium der Familie abgespielt haben. Die Geschichte der 38jährigen Rosa ist so ein Fall. Das Thema der Sendung hieß „Sex in verschiedenen Altersphasen". Ich hatte mich auf eher lokkere Gespräche eingestellt und war um so berührter, als Rosa, sie war die erste in jener Nacht, zu erzählen begann.

Rosa: Ich lebe seit 20 Jahren ohne Sex. Genauer gesagt, meinen letzten Sex hatte ich mit 16.
Domian: Wie kommt das?
Rosa: Ich bin mit acht Jahren mißbraucht worden. Und dann immer wieder, bis 15, von meinem Großvater. Dann bin ich schwanger geworden.
Domian: Von dem Großvater?
Rosa: Ja. Dadurch ist die Sache ins Rollen gekommen. Das heißt, ich habe es meiner Familie erzählt, und ich habe meinen Großvater angezeigt. Gott sei Dank war ich stark genug, es durchzustehen. Ich mußte ja vor Gericht aussagen. Er ist dann verurteilt worden. Danach wurde ich der Familie entzogen und habe meine Tochter geboren.
(Gesprächspause)
Ich wollte das Kind. Das Kind war meine Rettung.
Domian: Warum deine Rettung?
Rosa: Die Tochter war meine einzige Chance, aus dieser Misere herauszukommen.
Domian: Wurdest du nicht durch die Tochter an die vermutlich für dich so schrecklichen Jahre ständig erinnert?
(Gesprächspause)
Rosa: Eigentlich nie.
Domian: Hast du dieses Kind mit ganzem Herzen angenommen?
Rosa: Eigentlich schon. Mein Leben hat sich immer um meine Tochter gedreht.
Domian: Gab es wirklich nie einen üblen Beigeschmack? Mußtest du nicht hin und wieder an den Großvater denken?
(Gesprächspause)
Rosa: Na ja – doch. Und hinzu kam, meine Familie hat mich nie mehr akzeptiert.

Domian: Dich hat die Familie nicht mehr akzeptiert?
Rosa: Nein, nie mehr.
*Domian: Wie erklärst du dir das, daß die Familie **dich** verurteilt und nicht den Großvater?*
Rosa: Ich habe Schande über die Familie gebracht. Weil ich damals alles erzählt habe, weil ich den Großvater angezeigt habe.
Domian: Hast du nicht einen unglaublichen Zorn?
(Gesprächspause)
Rosa: Oh, doch. Schrecklich viel Zorn.
Meine Tochter hat mit 20 Jahren versucht, den Kontakt wieder aufzubauen, zwischen meinen Eltern und mir. Und mein Vater hat nur zu ihr gesagt: Wie soll ich dich ansprechen? Bist du nun meine Enkelin oder meine Schwester? Was bist du? Darauf hat meine Tochter gesagt: Du kannst mich mal.
Domian: War es für dich sehr schwer, als du zum ersten Mal alles deiner Tochter erzählt hast?
Rosa: Meine Tochter hat es seit ihrem fünften Lebensjahr gewußt.
Domian: Wie kam das?
Rosa: Mein Mann hat es immer mit ihr besprochen.
Domian: Dein Mann?
Rosa: Ja, ich bin seit 20 Jahren verheiratet. Mit einem Homosexuellen.
Domian: Warum bist du mit einem Homosexuellen verheiratet?
Rosa: Der Homosexuelle war damals mein Gynäkologe. Er hat mich psychisch aufgebaut. Er hat mir alles gegeben, was ich brauchte. Sex natürlich nicht. Aber den habe ich damals auch nicht gebraucht.
Domian: Hast du heute sexuelle Bedürfnisse?
Rosa: Seit meine Tochter ausgezogen ist, habe ich solche Bedürfnisse. Obwohl ich nicht weiß, was Sexualität ist. Ich kenne ja nur den Mißbrauch.
Domian: Hast du irgendwann professionelle Hilfe gesucht, um das alles zu verarbeiten?
Rosa: Ja, ich war damals drei Jahre bei einem Therapeuten. Dieser Therapeut war der Partner meines Mannes.
Domian: Hat dir die Therapie geholfen?
Rosa: Damals hat es ganz gut getan. Aber eigentlich weiß ich es nicht. Am meisten tut mir noch heute weh, daß sich meine Familie so verhalten hat.

Domian: Würdest du gerne wieder Kontakt zu deiner Familie haben? (Rosa weint)
Rosa: Zu meinen Eltern ja. Aber es ist aussichtslos. Ich habe es zweimal versucht – und eben meine Tochter.
(Gesprächspause)
Domian: Rosa, du lebst mit einem homosexuellen Mann zusammen. Ist das eine gute Freundschaft, was euch verbindet?
Rosa: Das ist eine ganz große Freundschaft. Und er hat auch einen Partner. Immer noch den Therapeuten.
Domian: Lebt ihr zu dritt zusammen?
Rosa: Nein, ich lebe mit meinem Mann zusammen. Das ist für ihn auch ein gutes Alibi. Er ist in einer Führungsposition.
Domian: Du sagtest vorhin, daß du mittlerweile sexuelle Bedürfnisse hast...
Rosa: Die ersten Jahre nach dem Mißbrauch hatte ich überhaupt kein Verlangen. Dann die darauffolgenden Jahre... na ja, da habe ich mich sehr um meine Tochter gekümmert.
Domian: Würde dein Mann es tolerieren, wenn du jetzt vielleicht ein Verhältnis hättest?
Rosa: Ja, natürlich.
Domian: Unternimmst du etwas, einen Mann kennenzulernen?
Rosa: Ich habe wahnsinnige Angst vor Sex. Ich habe wahnsinnige Angst, irgend etwas von mir zu geben.
Domian: Ich könnte mir vorstellen, daß die drei Jahre Therapie, die du gemacht hast, zumal es auch schon so lange zurückliegt, nicht ausreichen.
Hast du darüber nachgedacht, jetzt noch mal in eine Behandlung zu gehen?
Rosa: Ja.
Domian: Ich glaube, das wäre sicher richtig.
Rosa: Das müßte dann aber jemand anderes sein als der Partner meines Mannes.
Domian: Das denke ich auch. Weißt du, wie man so ein Vorhaben angeht und organisiert?
Rosa: Na ja...
Domian: Dann bleib doch mal am Telefon. Unsere Psychologin kann dir sicher ein paar Tips geben.
Rosa: Ja, das wäre sehr gut.
Domian: Ich danke dir für dein Vertrauen und wünsche dir viel Glück.

Vielen Leuten, die sich in einer besonders schwierigen Lebensphase befinden, rate ich, einen Therapeuten aufzusuchen. Wohlwissend, wie aufwendig es ist, den wirklich guten Seelendoktor zu finden. Denn vielen sollte man mit Vorsicht begegnen. Durch meine journalistische Arbeit und durch persönliche Kontakte zu Psychologen habe ich im Laufe der Zeit genau hinter die Kulissen dieses Berufsstandes schauen können. Und oftmals packte mich der Zorn.
Ein ehemals befreundeter – kassenärztlich zugelassener – Therapeut sagte mir einmal im Vertrauen: „Generell, wenn jemand zu mir kommt, der in einer festen Beziehung steckt, dann setze ich erst mal alles daran, diese Beziehung in Frage zu stellen und sie schließlich aufzulösen. Danach kann ich mit dem Klienten viel besser umgehen und ihn handhaben." Dies ist ein Negativ-Beispiel. Ich könnte von Dutzenden berichten. Und immer geht es um Machtmißbrauch, um Manipulation.
Demgegenüber stehen natürlich die seriösen, engagierten und vertrauenswürdigen Psychologen, die äußerst wichtige Arbeit leisten. Ich habe größten Wert darauf gelegt, eben solche für das DOMIAN-Team zu gewinnen. Leute, die nicht dogmatisch denken, die nicht nur ein bestimmtes Therapie-Modell favorisieren, die einen Beinbruch nicht auf ein frühkindliches Trauma zurückführen.

Sekten

Natürlich gibt es im Talk-Radio regelmäßig Anrufe zum Themenkomplex Glaube/Aberglaube/Sekten. Menschen berichten von ihren spirituellen Erfahrungen, äußern sich zu Extrem-Gruppierungen wie den Zeugen Jehovas, Scientology, den Mormonen, den Charismatikern, der transzendentalen Meditation oder okkulten Vereinigungen:

Volker (21): Ich war zwei Jahre in einer satanistischen Sekte – und dort wurde eine Frau ermordet.
Domian: Ermordet?
Volker: Ja. Wir hielten eine schwarze Messe, in einem Kellergewölbe. Und zu Anfang wurden Tiere geopfert; Katzen, Hühner usw. Das Blut wurde dann herumgereicht und getrunken.

Domian: Wieviele Leute wart ihr?
Volker: Etwa 20 Leute, so zwischen 16 und 30 Jahre alt.
Domian: Wie ging es auf der Messe weiter?
Volker: Es wurden Drogen genommen. Psycho-Drogen. Was zur Folge hatte, daß viele Leute fast willenlos waren. Sie haben gar nicht mehr verstanden, was dort vor sich ging. In der Mitte des Gewölbes gab es einen Altar. Darauf mußte sich eine junge Frau legen, die war so 19 Jahre alt; ihr wurden dann während der Zeremonie von mehreren die Pulsadern aufgeschnitten. Sie ist auf dem Altar verblutet.
(Gesprächspause)
Domian: Und alle haben zugeschaut? Auch du?
Volker: Ja.
Domian: Niemand hat kapiert, was da gerade passierte?
Volker: Eigentlich nicht. Weil wir alle unter Drogen standen.
Domian: Während die Frau verblutete, was habt ihr gemacht?
Volker: Wir haben zu Satan gebetet. Und waren wie berauscht.
Domian: Wie lange hat es gedauert, bis die Frau gestorben ist?
Volker: Sie hat anfangs geschrien und sehr stark geblutet. Die genaue Zeit kann ich nicht sagen. Vielleicht eine halbe Stunde. Ihr Blut wurde aufgefangen, in einem Eimer. Daraus sollten alle später trinken.
Irgendwann haben einige Leute kapiert, was geschah. Sie sind dann aufgestanden und weggelaufen. Eine ganze Zeit später kam die Polizei.
Domian: Von wem wurde die Polizei benachrichtigt?
Volker: Ich weiß es nicht. Aber es waren Leute von uns. Ich gehöre übrigens nicht mehr dazu. Ich war in einer psychiatrischen Anstalt und fühle mich jetzt eigentlich wieder ganz normal.
Domian: Erzähl bitte weiter. Was passierte, als die Polizei eingetroffen war?
Volker: Die meisten Leute wurden festgenommen. Ich auch. Viele von denen sitzen jetzt noch im Gefängnis.
Domian: Es gab doch einen Meister, einen Rädelsführer?
Volker: Ja, der ist natürlich auch festgenommen worden. Obwohl er selbst gar nicht geschnitten hat. Das mußten die Gehilfen tun.
Domian: Ihr wart alle vor Gericht?
Volker: Ja, auch ich wurde angeklagt. Habe aber Bewährung bekommen und dann mußte ich mich einer psychiatrischen Behandlung unterziehen. Ein Jahr.

Domian: Wie denkst du heute über die Geschehnisse?
Volker: Es war ganz großer Mist. Und ich bereue es, daß ich da mitgemacht habe. Ich kann nur jeden Jugendlichen warnen, sich solchen Sekten anzuschließen.
Domian: Was hat dich eigentlich dort hingezogen?
Volker: Na ja, ich war von zu Hause weg, hatte keine Freunde und bin dann durch Zufall an diese Leute gekommen. Da hatte ich endlich eine Gruppe – und ich war dort auch wer.
Domian: Wie sah das Gruppenleben aus?
Volker: Wir haben uns fast jeden Abend getroffen, haben geraucht, Drogen zu uns genommen – und eben ab und zu schwarze Messen zelebriert. Mit Tieropfern.
Domian: Hast du an Satan geglaubt?
Volker: Ich weiß es nicht. Ich wußte nicht, was ich glauben sollte. Heute glaube ich an Jesus Christus.
Domian: Kamen dir damals manchmal Zweifel an der Richtigkeit deines Verhaltens?
Volker: Kaum.
Domian: Hast du mit anderen über die Gruppe gesprochen?
Volker: Ja, mit einer Freundin. Die meinte zwar, daß das alles Mist sei, aber sobald ich wieder in der Gruppe war, hatte ich ihre Worte vergessen. Viel habe ich ihr aber auch nicht erzählt. Wir waren so eine Art Geheimbund, da drang kaum was nach draußen.
Domian: Wurden während der Versammlungen Leute zum Sex gezwungen?
Volker: So was gibt es in satanischen Kreisen. Bei uns gab es das aber nicht.
Domian: Würdest du sagen, daß dich das Alleinsein, die Einsamkeit in diese Szene gebracht hat?
Volker: Auf jeden Fall. Die haben mir auch meine Familie ersetzt.
Domian: Hast du zu diesen Kreisen heute noch irgendwelche Kontakte?
Volker: Nein, überhaupt keine mehr. Und ich möchte noch mal allen Leuten sagen: Ich habe es am eigenen Leib erfahren, laßt die Finger von solchen Sachen.

Dieser Fall war äußerst dramatisch. Und deshalb einfach zu beurteilen. Viel schwieriger ist eine Auseinandersetzung mit Sekten-

Mitgliedern, die angeblich nur Positives zu berichten haben. Die eine bewußte Einengung ihrer geistigen Freiheit in Kauf nehmen, weil sie uneingeschränkt hinter den Grundideen der jeweiligen Sekte stehen. Solche Interviews enden oft im Streit. Grundsätzlich sollte man den schönen Satz vom alten Fritz beherzigen, jeder möge nach seiner Fasson selig werden, aber es stellt sich meines Erachtens die Frage, ob der einzelne ein totalitäres System akzeptieren darf, nur weil er sich darin geborgen fühlt?

Natascha (16) fühlte sich bei den Zeugen Jehovas nie wirklich geborgen. Heute haßt sie die Sekte:

Natascha: Mein Vater ist Zeuge Jehovas, und meine Mutter hat ihn mit 17 geheiratet, ohne allerdings dort Mitglied zu werden. Meine beiden jüngeren Brüder gehören noch dazu. Ich nicht mehr. Und mein kleinster Bruder ist vor sechs Monaten im Alter von drei Jahren gestorben. Weil mein Vater eine Bluttransfusion verweigert hat. Die Zeugen lehnen Bluttransfusionen ab, auch wenn es um Leben und Tod geht. Blut sei heilig, sagen sie.

Domian: Gab es nicht einen riesigen Konflikt zwischen deinem Vater und deiner Mutter?

Natascha: Erst als es zu spät war. Meine Mutter war meinem Vater sozusagen hörig. Sie ist zwar nicht in diese Sekte gegangen, warum auch immer, aber sie hat sich denen vollkommen untergeordnet.

Domian: Und wie ist es heute?

Natascha: Nach dem Tod meines Bruders ist alles aufgebrochen. Und Gott sei Dank hat sie sich von ihm scheiden lassen. Die ganze Familie ist zerstört.

Domian: Du lebst bei deiner Mutter?

Natascha: Ja, die Jungs aber auch.

Domian: Und die sind noch bei den Zeugen?

Natascha: Ja. Und das ist ein großes Problem im Moment. Seit meine Eltern getrennt sind, machen die Zeugen meiner Mutter unheimlich Druck. Sie wollen sie wieder auf ihre Seite ziehen. Sie wollen die Jungs. Mich haben die schon aufgegeben, glaube ich. Weil ich die letzten Jahre bereits, bevor das mit meinem Bruder passierte, in den Gruppen kritische Dinge gesagt oder gefragt habe.

Domian: Wie machen die Druck?

Natascha: Die kommen ständig vorbei. Die schicken Post. Die rufen an. Die setzen meine Mutter richtig unter Druck. Reden ganz doll auf sie ein, machen ihr Angst und ein schlechtes Gewissen. Einmal haben wir sie gar nicht mehr aus der Wohnung bekommen. Und wir kriegen auch ganz viele anonyme Anrufe. Entweder wird sofort aufgelegt oder eine Stimme liest Drohungen aus der Bibel vor.

Domian: Wie kommt es, es scheint mir so, daß du doch recht stark und cool bist?
Natascha: Weil ich so eine Wut auf die habe. Das sind richtige Arschlöcher. Ich habe eine enge Verbindung zu meiner Mutter. Und obwohl sie sich denen so untergeordnet hatte, habe ich durch sie in der Erziehung noch eine andere Sichtweise mitbekommen.

Domian: Wie war denn so das Leben als Jugendliche im Kreise der Zeugen Jehovas?
Natascha: Es gab so viele Verbote. Und alle machten auf rosige und heile Welt. Und wehe, man sagte mal etwas dagegen. Am Ende habe ich das oft gemacht. Erst tun sie so, als würden sie es nicht registrieren, dann versuchen sie zu argumentieren, so nach dem Motto „Unser toller Gott, er macht schon alles für uns. Bald wird er uns abholen" usw. Und wenn man dann nicht nachgibt, dann werden sie jähzornig.

Domian: Bist du von deinem Vater geschlagen worden?
Natascha: Ich nicht, obwohl die oft ihre Kinder schlagen. Dafür aber meine Mutter. Das ist für die legitim.

Domian: Du sprachst gerade von Verboten. Was meinst du damit?
Natascha: Ich durfte nicht ins Kino gehen. Irgendwelche Modesachen gab es auch nicht. Ich durfte nicht ins Freibad. Ich war bis heute noch nie auf einem Konzert. Der Fernseher wurde nur von unserem Vater eingeschaltet. Radio habe ich heimlich gehört.

Domian: Wie ist dir Sexualität nahegebracht worden?
Natascha: Ich habe total hinterm Mond gelebt. Ich hatte ein Brett vor dem Kopf. Es war alles so verklemmt. Die sind ja auch gegen alles. Gegen Selbstbefriedigung, gegen Schlafen miteinander vor der Ehe, gegen Homosexuelle und so.

Domian: Wie stehst du heute zu deinem Vater?
Natascha: Wenn ich ihm auf der Straße begegnen würde, ich weiß nicht, was ich tun würde. Also entweder tue ich so, als würde ich ihn nicht kennen – oder ich werde ihn anspringen. Ich habe so einen Zorn auf die alle. Die gehen ja über Leichen, um ihre Religion auszuüben.

Alt und schwul

Viele junge Leute, die ich kenne, machen sich Gedanken, wie sie wohl im Alter leben werden, wie sie „drauf" sein werden. Im Juni 1995 meldete sich bei mir in der Sendung Bonny (65). Nach dem Gespräch dachte ich: „Wenn du so mal wirst, dann auf in die Zukunft!"

Bonny: Weißt du, Jürgen, ich habe schon mit zehn Jahren gerechnet, wie lange es noch dauert, bis ich alt bin. Ich habe die Alten immer beneidet. Die konnten so herrlich alles machen. Ohne daß sie die Konsequenzen tragen mußten.
Domian: Hast du damals die 20-/30jährigen gemeint – oder die wirklich Alten?
Bonny: Die wirklich Alten. Die konnten uns eine runterhauen und sind nicht bestraft worden.
Domian: Kannst du verstehen, daß Leute vor dem Älterwerden Angst haben?
Bonny: Nein, überhaupt nicht.
Domian: Warst du wirklich nie traurig, daß alles vergeht, so auch dein Leben?
Bonny: Nein. Aber die Zeit zwischen meinem 40. und 50. Lebensjahr, die war nicht so besonders. Da haben mich so viele Kerle verlassen.
Domian: Ach, du bist schwul.
Bonny: Na klar, und wie!
Domian: Und zwischen 40 und 50 bist du oft verlassen worden?
Bonny: Ich habe damals noch alles so tragisch genommen. Aber dann wurde ich immer lockerer.
Domian: Wie erklärst du dir, daß du immer lockerer wurdest? Meistens ist es umgekehrt.
Bonny: Ich war zunehmend mit Jüngeren zusammen. Die Leute in meinem Alter wurden immer eingerosteter. Und dann habe ich auch gelernt, nicht mehr so zu klammern. Es fing alles an mit meiner Lehre.
Domian: Deiner Lehre?
Bonny: Ja, ich habe mit 45 noch eine Lehre gemacht, als Kfz-Schlosser.
Domian: Mit 45?

Bonny: Ja, das ging damals bei uns. Die brauchten dringend Kfz-Schlosser. Und dann haben sie mich gelassen. War eine tolle Chance.

Domian: Da hattest du aber sicher deinen Spaß mit deinen sechzehnjährigen Kollegen...

Bonny: Ich kann dir sagen. Das war ein ganz verrückter Haufen. Die anderen haben auch so ein bißchen auf schwul gemacht, mit Küßchen hier und Küßchen da. Wir hatten so viel Spaß.

Domian: Ist ja schön, auch mal so was zu hören. So was Positives. Meistens erzählen ältere Schwule ja recht heftige Horror-Geschichten von früher. Damals stand Schwulsein ja noch unter Strafe.

Bonny: Ja, trotzdem. Ich kann nicht auf diese Jammerei. Man darf sich selbst nicht so wichtig nehmen. Und man muß versuchen, aus allem, auch aus dem Schwierigen, das Beste zu machen. Es gibt ja auch junge Menschen, die mit 20 schon den Altersstarrsinn haben. Die kannste vergessen. Die werden schon als Greise geboren.

Domian: Bonny, Thema Sexualität. Wie wichtig ist für dich Sex?

Bonny: In dem Moment, wo nichts mehr rauskommt, dann nehme ich den Strick. Ich liebe Sex.

Domian: Kommt mit 65 noch viel raus?

Bonny: Nicht so viel wie früher. Der Druck ist ja auch nicht mehr so groß. Früher schaffte ich bis zu zwei Meter. Das ist heute natürlich nicht mehr so. Aber man freut sich über jeden Tropfen.

Domian: Wie oft am Tag denkst du an Sex?

Bonny: Eigentlich immer.

Domian: Hat die Lust am Sex nicht ein wenig abgenommen, während der Jahre?

Bonny: Überhaupt nicht. Früher allerdings war ich eher der aktive Teil, heute bin ich eher passiv.

Domian: Kriegt man mit 65 noch gut einen hoch?

Bonny: Da müßtest du mich mal morgens sehen. Da könntest du einen Wassereimer dranhängen. Und das Schöne ist, jetzt bin ich in Rente und kann mich ganz der Sache widmen.

Domian: Hast du einen Freund?

Bonny: Ja, der ist ein Hetero. Aber ich liebe ihn abgöttisch. Sex haben wir nicht zusammen. Dafür habe ich ja zwei gesunde Hände.

Domian: Suchst du deinen Sex woanders?

Bonny: Ja manchmal. Und ich stehe auf Jüngere. Die Alten sind mir zu steif und umständlich.

Domian: Ist es schwierig, in der Schwulenszene als Älterer einen Jüngeren kennenzulernen?

Bonny: Für mich nicht.

Domian: Ich gehe mal davon aus, daß du in Sachen Sex eine Riesenmenge Erfahrungen gesammelt hast...

Bonny: Da kannste wohl für.

Domian: Gibt es da nicht eine Sättigung? Zum Beispiel beim Onanieren: Langweilen dich die Bilder nicht, die du dir vielleicht seit vielen Jahren schon vorstellst?

Bonny: Seitdem es Videos gibt, bin ich ganz aus dem Häuschen. Tolle Sache.

Domian: Wenn du die Jahrzehnte Revue passieren läßt: Gibt es eine Altersphase, in der der Sex am besten war?

Bonny: Jetzt in meinem Alter empfinde ich den Sex am stärksten. Ich genieße ihn auch viel mehr als früher. Das ist ganz herrlich.

Domian: Hast du eine sexuelle Phantasie, eine Sehnsucht, die du dir noch erfüllen möchtest?

Bonny: Ich bin voller sexueller Sehnsucht. Im einzelnen kann ich das gar nicht sagen.

Domian: Mein Lieber, war schön, mit dir geredet zu haben.

Späte Erkenntnis

In meiner Sendung habe ich viele ältere Leute kennengelernt, die mich sehr beeindruckt haben. Weil sie trotz Gebrechen und schwerer Schicksalsschläge mit ungeheurem Spaß und Tatendrang ihre Zeit gestalteten oder weil sie den Mut hatten, wider alle Normen, jahrzehntelang benutzte Lebenspfade zu verlassen. Was ihnen oftmals eine zweite Jugend bescherte. Zum Beispiel Karin (59), die seit vielen Jahren alleine gelebt hatte.

Karin: Mein Thema ist das Thema überhaupt: Die Liebe. Ich bin verliebt. Und wie. Und das in eine Frau, eine 52jährige Frau. Obwohl ich immer völlig heterosexuell gelebt habe.

Domian: Nein! Ich bin von den Socken. Gratulation! Hattest du früher nie derlei Anwandlungen?
Karin: Nein, eigentlich nicht. Zwar habe ich schon mal darüber nachgedacht. Aber mehr war da nicht.
Und jetzt habe ich sie durch Bekannte im Urlaub getroffen. Es gab eine ganz normale, überhaupt nicht verfängliche Berührung – und das war für mich beinahe wie ein Orgasmus. Ich hätte nie geglaubt, daß es so was gibt.
Domian: Die alles entscheidende Frage: Ist sie in dich auch verliebt?
Karin: Und wie! Und sie ist genauso überrascht wie ich, weil sie so was vorher auch nicht kannte.
Domian: Das ist ja toll.
Karin: Ja! Wir haben uns ganz vorsichtig angenähert. Zuerst unverbindlich, dann haben wir geflirtet, uns ab und zu berührt – und uns dann offenbart. Irgendwie war da aber schon alles klar, und es hat gar keine Überwindung gekostet.
Domian: Habt ihr beiden jetzt eine richtige Beziehung?
Karin: Ja.
Domian: Mit allem drum und dran?
Karin: Genau.
Domian: Wie war das für dich, als du zum ersten Mal mit einer Frau geschlafen hast?
Karin: Wahnsinnig! Ich habe festgestellt, das können Männer einem überhaupt nicht geben. Eine Frau weiß halt einfach, wo sie anfassen muß.
Das einzige Problem ist nur, daß wir sehr weit auseinander wohnen. Und mit Outen ist auch nichts. Sie lebt in einem kleinen Ort und ich auch. Und wir beide haben Kinder und Enkelkinder.
Wir stellen es so dar: Wir sind halt zwei ältere Damen, die miteinander befreundet sind. Und was sich hinter der Schlafzimmertür abspielt, das geht ja niemanden etwas an.
Domian: Gehst du so weit und sagst, das ist deine tollste Lebenserfahrung bisher?
Karin: Absolut! Ich bin so erfüllt von dieser Erfahrung. Es ist so anders. Viel intensiver als alles, was ich in meinem Leben erfahren habe.
Domian: Hast du nicht, zumindest am Anfang, Identitätsprobleme gehabt?
Karin: Eigentlich nicht. Ich war so beeindruckt und habe mit allen Sinnen alles aufgesogen.

Domian: Siehst du, es gibt Gutes, das kommt erst sehr spät...
Karin: Ja, und ich bin so glücklich.
Domian: Auf daß du es noch sehr lange sein wirst, tschau Karin.

Jung und Alt

Auch im Gespräch mit Liesel (61) ging es um ganz neue Erfahrungen und um ein Tabu.

Liesel: Ich bin in vierter Ehe mit einem 30 Jahre jüngeren Mann verheiratet. Und ich möchte allen Leuten Mut machen, die Angst haben vor großen Altersunterschieden in der Liebe.
Domian: Also dein Mann ist 30 Jahre alt...
Liesel: Noch ist er 29, aber nicht mehr lange. Mein jüngster Sohn ist genauso alt – und mein ältester ist 42, ich habe vier Söhne.
Domian: Wo hast du deinen jungen Mann kennengelernt?
Liesel: Im Gefängnis.
Domian: Im Gefängnis?
Liesel: Ja, einer meiner Söhne hat mal im Gefängnis gesessen, und die zwei waren auf einer Zelle, sind gute Freunde geworden. Er hat mir oft über meinen Sohn brieflich Grüße zukommen lassen und umgekehrt.
(Gesprächspause)
Mein Sohn ist dann verstorben, im Gefängnis. Das war für mich sehr schwer, so schwer.
Na ja, aber ich bin weiter in Kontakt geblieben mit dem Freund meines Sohnes. Wir haben uns geschrieben, sehr viel sogar, ich habe ihn besucht – und als er entlassen wurde, ist er zu mir gezogen. Die Liebe hatte schon in den Briefen begonnen. Wir haben es uns vorsichtig gestanden. Aber was meinst du, was hier los war, als er dann hier war!
Domian: Das kann ich mir vorstellen. Darüber rümpft unsere Gesellschaft nach wie vor die Nase. Älterer Herr und junge Blondine ist ja fast schon normal.
Liesel: Ja, die alten Männer brüsten sich sogar mit einer jüngeren Frau.

Domian: Erzähl mal genauer, wie deine Umgebung reagiert hat.
Liesel: Meine Familie und meine Söhne haben bis heute abgeblockt. Bis auf den ältesten. Aber mir macht das nichts. Ich habe gesagt: „Ich hab' euch großgezogen, und jetzt lebe ich mein Leben." Mich stört der Altersunterschied überhaupt nicht. Die drei Männer, mit denen ich vorher verheiratet war, die waren etwa so alt wie ich. Früher hätte ich mich nicht getraut, so aus dem Rahmen zu fallen.
Domian: Lebst du in einem kleinen Ort?
Liesel: Ja, und zum Teil zeigen die Leute mit Fingern auf mich. Da gab es dann auch so Sprüche – sie sagten zu meinem Mann: „Na, kommste wieder mit deiner Mutter?" Mittlerweile jedoch haben wir uns darüber ganz hinweggesetzt. Am Anfang hat mir das natürlich sehr weh getan, aber mein Mann war dann immer wunderbar. Er hat mich vor diesen Leuten in den Arm genommen und geküßt.
Domian: Gibt es denn wenigstens ein paar Leute, die von Anfang zu euch gehalten haben?
Liesel: Ja, einige. Die haben auch unseren Mut bewundert.
Domian: Wie hat der junge Mann dein Leben verändert?
Liesel: Das bringt mir so unheimlich viel. Ich fühle mich so jung jetzt, obwohl ich auf mein Alter und meine Falten stolz bin.
Domian: Wenn du an die Zukunft denkst: In 15 Jahren bist du schon 76 Jahre, er erst 44 – macht dir das Angst?
Liesel: Ja! Insofern, daß ich meinen Mann vielleicht alleine lassen muß, zurücklassen muß. Und deshalb leben wir jeden Tag, genießen ihn. Weißt du, das Jetzt ist für mich so wichtig. Früher habe ich nie so gedacht.
Domian: Bist du sexuell auch zufrieden?
Liesel: Das ist ganz phantastisch. Das ist ein Jungbrunnen. Ich habe in all meinen Ehen vorher ein solch intensives Sexleben niemals erfahren. Ich habe erst mit 38 Jahren meinen ersten Orgasmus gehabt. Damals wußte ich gar nicht, was das ist. Mein Arzt hat es mir dann erklärt. Und ich glaube, ich habe meine früheren Männer belogen. Wenn die mich gefragt haben: „War es schön", dann habe ich „Ja" gesagt.
Erst heute weiß ich, was wirklich schön ist.
Domian: Hast du beim ersten Mal mit deinem jetzigen Mann keine Hemmungen gehabt? Mit 60 ist man ja zum Beispiel auch nicht mehr so straff wie mit 20.

Liesel: Genau! Vor dem ersten Mal habe ich mir Mut angetrunken. So hat das dann geklappt. Als ich aber morgens neben ihm aufwachte, hatte ich eine kurze Zeit schon Bedenken. Aber dann habe ich mir gedacht: Mein Gott, warum eigentlich nicht?
Domian: Und er hat dir auch das Gefühl gegeben, daß er dich so nimmt und mag, wie du bist?
Liesel: Oh, ja. Manchmal finde ich in meinem Bett, versteckt unter dem Kopfkissen, ein Kärtchen auf dem steht: Ich liebe dich.
Domian: Ich wünsche dir, Liesel, noch viele Bettüberraschungen und euch noch viele tolle Jahre.

Autofellatio

Es gibt nur einen Talk-Partner bis heute, auf den ich wirklich neidisch bin. Sein Name: Lars. Sein Alter: 25 Jahre.

Lars: Mein Thema ist Autofellatio.
Domian: Was wir jetzt erst einmal erklären müssen.
Lars: Ja, also ich kann mich selbst mit dem Mund befriedigen.
Domian: Das ist ja irre, erzähl.
Lars: Irgendwann, so mit 14, habe ich das mal versucht, ausprobiert, so ein bißchen mit der Zunge an der Eichel zu spielen und halt auch daran herumzulutschen. Das hat toll gekribbelt und natürlich Laune gemacht. Es ist ein schon sehr geiles Gefühl, den eigenen Schwanz im Mund zu haben.
Domian: Wie weit kriegst du ihn in den Mund?
Lars: Ungefähr bis zur Hälfte, ein bißchen mehr sogar.
Domian: Eine stramme Leistung. Mit welcher Körperhaltung schaffst du das?
Lars: Ich bin sehr biegsam. Ich kann mühelos meinen Kopf auf die Knie legen. Und von da ist es ja nicht mehr so weit.
Domian: Wahrscheinlich hast du dann auch noch einen großen Schwanz!?
Lars: Eigentlich nicht. Eher normal. Ich bin halt gelenkig. Aber ich muß sagen, daß es schon auch anstrengend ist.
Domian: Eher lustvoll oder anstrengend?

Lars: Es hält sich so die Waage. Beim Höhepunkt ärgert es mich immer, daß es so anstrengend ist.

Domian: Du hast also auch den Orgasmus in deinem Mund?

Lars: Ja, natürlich.

Domian: Nun haben einige Männer, besonders heterosexuelle, nicht gerade das beste Verhältnis zu Sperma. Magst du dein Sperma?

Lars: Es ist o. k. Ich empfinde keinen Ekel, im Gegenteil, ich erfahre durch diese Art der Selbstbefriedigung meinen Körper sehr intensiv. Das kommt mir übrigens zugute auch im Verhältnis zu Frauen. Durch meinen eigenen Oral-Sex kann ich oral auch besser mit Frauen umgehen.

Domian: Wenn du vergleichst: Der Oral-Sex mit dir selbst oder wenn eine Frau sich dort mit dir beschäftigt – was ist besser?

Lars: Eigentlich wenn ich es mache. Es ist perfekter. Eine Frau muß schon verdammt geschickt drauf sein, um es so hinzukriegen. Bisher habe ich so eine Frau noch nicht getroffen.

Domian: Wie oft machst du es?

Lars: Nicht so oft. Es ist eben eine Aktion. Und wenn man nicht ständig trainiert, läßt auch die Biegsamkeit nach. Zudem tut es meinem Rücken auch nicht so gut.

Domian: Trotz der Schwierigkeiten: Ist es die optimale Onaniermethode für dich?

Lars: Ganz ohne Zweifel, ja!

Domian: Dann treib es nicht zu toll! Denk an deinen Rücken.

Lars: Na ja, es macht mich mehr an, wenn ich an den Rücken einer Frau denke.

Masochismus

Wenn wir alle wüßten, was unsere Chefs so in Sachen Sex bevorzugen und praktizieren, wahrscheinlich kämen wir vor lauter Staunen, Lachen oder Kopfschütteln gar nicht mehr zum Arbeiten.
Im Januar 1996 rief bei uns ein Chef an, der vor dem Talk-Radio-Publikum die Hüllen fallen ließ. Da er es aber anonym tat, brauchte er wohl um die Arbeitsdisziplin in seinem Betrieb nicht zu bangen. Nennen wir ihn Hartmut (42).

Hartmut: Ich finde, die Leute sollten, was Sex angeht, noch viel toleranter werden.
Domian: Ich vermute, sie sollen auch eine bestimmte Vorliebe von dir tolerieren!? Also raus mit der Sprache.
Hartmut: Ja, das war so. Ich habe vor einiger Zeit in einer Kneipe ein Paar kennengelernt. Kurt und Elke. Wir haben uns gut unterhalten, viel gelacht und schließlich kamen wir auf das Thema Sex-Clubs und Swinger-Treffs. Die beiden erzählten, daß sie in einen bestimmten regelmäßig gehen. Und das hat mich interessiert. Ich lebe zur Zeit in Scheidung und war bereit, neue Erfahrungen zu machen. Also haben wir uns für das nächste Wochenende verabredet – in diesem besagten Club oder Treff. Es war ein ganz normaler Abend, und normal heißt: FKK und Bi.
Domian: Was geschah dort?
Hartmut: Es waren ca. 20, 25 Leute dort. Man trank, redete, saß rum. An diesem Abend waren alle nackt. Na ja, und wenn sich etwas ergab, dann ging man seinen sexuellen Gefühlen nach. Vor den anderen, mit mehreren oder man zog sich zu zweit zurück.
Domian: Du hast zum ersten Mal so was erlebt?
Hartmut: Ja.
Domian: Wie war das für dich?
Hartmut: Ich fand es ganz beeindruckend. Als die ersten Hemmungen überwunden waren, habe ich mich ganz toll gefühlt. Da sitzt du nackt mit Leuten zusammen, mit Rechtsanwälten, Seeleuten, Ärzten oder Bauarbeitern, mit denen man privat so nie in Kontakt käme. Alle sind gleich. Keine Klassenunterschiede.
Domian: Über was habt ihr euch unterhalten?
Hartmut: Über Gott und die Welt, über die Benzinpreise und natürlich auch über Sex.
Domian: Hast du dort etwas unternommen?
Hartmut: Nein, an dem Abend noch nicht. Ich bin aber drei Tage später wieder hingegangen. Da war Lack und Leder angesagt. Und nach 15 Ehejahren und noch mehr Sexjahren habe ich dort meine Neigung entdeckt. Deshalb, weil ich das irgendwie in mir spürte, haben mich Kurt und Elke wohl auch von Anfang an interessiert.
Domian: Um welche Neigung handelt es sich?
Hartmut: Also, Elke ist eine Domina. Und mir macht die devote Rolle unheimlich Spaß. An jenem Freitag bin ich mit ihr in einen Studioraum gegangen. Und seitdem immer wieder. Erst war mir das schon fremd. Aber dann ging's richtig ab.

Domian: Was habt ihr gemacht?
Hartmut: Sie hat mich an ein Gitter angebunden, mir die Augen verbunden und mich erst mal gestreichelt. Und dieses Wehrlossein, das war schon richtig geil. Und dann fing sie an, mich verbal fertigzumachen, mich zu beschimpfen, mich zu erniedrigen.
Domian: Erzähle es noch klarer. Wie zum Beispiel war Elke angezogen?
Hartmut: Sie war und ist in Leder, sehr dominant, mit Stiefeln und Peitsche. Ich habe meistens nur ein Höschen an und bin oft, wie gesagt, gefesselt. Andere Leute schauen dabei auch zu. Das gibt mir den zusätzlichen Kick. Na ja, sie geht mich verbal sehr vulgär und aggressiv an. Was mich total anmacht. Sie zieht mir auch schon mal eine mit der Peitsche über und gibt mir Befehle, zu wimmern oder mit dem Kopf bestimmte Bewegungen zu machen oder ihre Stiefel zu lecken oder den Boden zu lecken.
Domian: Warum macht dich eine derartige Erniedrigung an?
Hartmut: Wohl weil ich in meinem sonstigen Leben sehr wenig Widerstand spüre. Vielleicht denken viele Leute, daß ich ein Arschloch bin, aber niemand traut sich, es mir zu sagen.
Domian: Was machst du beruflich?
Hartmut: Ich bin Chef einer Putzkolonne. Ich habe etwa 200 Frauen unter mir. Ich bin der Boß dort. Ohne Wenn und Aber.
Domian: Und im Studio ist Elke der Boß. Ohne Wenn und Aber.
Hartmut: Genau. Ich bin klein bei ihr und werde getreten. Und das macht mich ganz verrückt. Solche sexuelle Erregung habe ich früher noch nie empfunden.
Domian: Wie hart geht es eigentlich zur Sache?
Hartmut: Bei mir hält es sich noch in Grenzen. Gegen Hoden-Abbinden zum Beispiel habe ich nichts. Aber Metallklammern an den Augen, brutale Schläge und Blut, das gibt es bei mir nicht. Und wenn es doch zu hart wird, dann gibt es das Wort „Gnade" – und sie läßt von mir ab. So ist die Regel.
Domian: Wie bekommst du deinen Orgasmus?
Hartmut: Entweder macht es Elke mit der Hand, oder ich mache es selber, oder manchmal, wenn es besonders hoch hergeht, dann reichen auch ganz heftige Beschimpfungen aus.
Domian: Orgasmus nur durch schmutzige Worte?
Hartmut: Ja. Ohne daß ich den Schwanz anpacke. Ohne daß sie es tut. Ich kenne so was auch nur aus meiner Jugend.

Domian: Du bist Chef von 200 Putzfrauen. Hast du nicht Angst, daß die das irgendwann mal erfahren?
    Hartmut: Ja, schon. Ich könnte meine Autorität verlieren. Andererseits wäre es auch nicht so dramatisch. Job ist Job. Und Sex ist Sex.

Narzißmus

Ich muß zugeben, daß auch ich ein durchaus narzißtisch veranlagter Mensch bin. Würde ich sonst Gefallen daran finden, meine Nase allnächtlich in eine Kamera zu halten?! Es ist allerdings schwer zu entscheiden, wo die Grenze zwischen noch vertretbarer oder gar gesunder Ich-Bezogenheit und extremer, vielleicht sogar krankhafter Eigenliebe verläuft.
Im Mai 1996 haben wir im Talk-Radio „Narzißmus" thematisiert. Es waren die Menschen aufgefordert anzurufen, die überaus eitel, egozentrisch und selbstverliebt sind. So wie es einst Narziß war, der schöne Jüngling aus der griechischen Mythologie, der die Liebe der Echo verschmähte, sich unstillbar in sein eigenes Spiegelbild verliebte und in eine Blume, eine Narzisse verwandelt wurde. Letzteres ist Udo (20) bislang erspart geblieben:

    Udo: Ich bin ein bekennender Narziß.
    Domian: Was macht deinen Narzißmus aus?
    Udo: Das Wichtigste und Schönste für mich ist der Spiegel.
    Domian: Wieviele Stunden pro Tag verbringst du vor dem Spiegel?
    Udo: Drei bis vier Stunden. Spiegel und Schaufenster zusammengenommen. Das fängt morgens im Bad an, da brauche ich ungefähr eine Stunde. Und so zieht sich das durch den Tag. In jedem Schaufenster, an dem ich vorbeigehe, spiegele ich mich.
    Domian: Was machst du eine Stunde im Bad?
    Udo: Meine Haare. Die sind zwar kurz, aber es dauert seine Zeit. Alles muß liegen. Ich muß föhnen und manchmal gelen. Mit meiner Haut mache ich auch ganz viel. Intensive Pflege halt. Die Augenränder gestalte ich, und die Augenbrauen werden gefärbt. Make-up direkt benutze ich nicht.

Domian: Dein Gesicht ist dir außerordentlich wichtig. Wie ist es mit dem Rest des Körpers?
Udo: Ich bin sehr stolz auf mich. Ich gefalle mir sehr gut. Und dafür habe ich auch hart an mir gearbeitet. Ich betreibe sehr viel Sport, täglich, zu Hause und im Studio.
Domian: Findest du dich selbst auch erotisch?
Udo: Ja!
Domian: Auch geil?
Udo: Das Eigenerotische ist bei mir nicht so sehr im Mittelpunkt. Ich finde mich schön, mehr aber nicht. Obwohl es natürlich einzelne Bereiche meines Körpers gibt, die ich besonders attraktiv finde. Zum Beispiel die Beine, weil die sehr lang sind. Oder der Po, weil der schön fest ist. Und besonders stolz bin ich auf meine Füße, weil die sehr klein sind.
Domian: Welche Schuhgröße hast du?
Udo: Ich bin 1,79 m groß und habe Schuhgröße 38 bis 39.
Domian: Könntest du dir vorstellen, mit dir selbst zu schlafen?
Udo: Vorstellen schon, aber es muß nicht unbedingt sein.
Domian: Ein Narziß liebt es, wenn sich alles um ihn dreht. Ist das bei dir auch so?
Udo: Oh, ja! Wenn ich zum Beispiel auf eine Party gehe, dann will ich auch der Mittelpunkt sein. Wenn das nicht der Fall ist, dann ist die Sache für mich gelaufen.
Domian: Bist du fähig, jemanden zu lieben?
Udo: Nein, nicht mehr. Ich will das auch nicht. Ich habe schlechte Erfahrungen gemacht, sowohl im Elternhaus als auch mit Männern. Ich bin schwul, und ich bin oft enttäuscht worden. Ich habe es satt. Jetzt interessiere ich mich nur noch für mich. Ich bin wichtig. Und ich habe auch keine Lust mehr, wegen anderer Menschen unglücklich zu sein.
Domian: Wann bist du glücklich?
Udo: Wenn ich in den Spiegel schaue, ich mir richtig gut gefalle und dann lächle.
Domian: Du brauchst keinen anderen Menschen für dein Glück?
Udo: Nein, absolut nicht.
Domian: Bist du dabei nicht einsam?
Udo: Nein, eben nicht. Ich habe ja mich.
Domian: Hast du Freunde?
Udo: Ja, das sind meist Frauen.

Domian: Bist du in diesen Freundschaften so für dich auch die Nr. 1?
Udo: Unbedingt. Aber das macht nichts, weil die Frauen so sind wie ich.
Domian: Kann man sich auf dich verlassen?
Udo: Ja.
Domian: Würdest du in einer Freundschaft auch gegen deine eigenen Interessen handeln, um zum Beispiel jemandem zu helfen?
Udo: Das kommt darauf an. Wenn es zu viele Mühen erfordern würde, dann täte ich es nicht.
Domian: Hast du Angst vor Krankheiten oder einem Unfall? Auf einen Schlag wäre deine Hülle, deine schöne Hülle unter Umständen zerstört.
Udo: Ja. Auch über das Alter denke ich nach. Aber ich schiebe das alles von mir weg. Ich will das Älterwerden nicht wahrhaben. Es würde ja alles zusammenbrechen.
Domian: Würdest du so wie Dorian Gray deine Seele für deine Schönheit verkaufen?
Udo: Da gäbe es gar nicht mehr viel zu verkaufen. Ich bin so miststückartig drauf, daß da nicht mehr viel mit Seele ist.

Auch Miriam (22) bekannte sich zu einer besonderen Form des Narzißmus:

Miriam: Ich bin sehr narzißtisch, und das heißt für mich, ich bin Autoerotikerin.
Domian: Wie zeigt sich das?
Miriam: Es ist schon sehr extrem. Ich habe seit zwei Jahren keinen sexuellen Kontakt mehr gehabt mit anderen. Ich will es auch nicht.
Domian: Bist du eigentlich lesbisch oder heterosexuell?
Miriam: Ich würde sagen bisexuell.
Domian: Wie liebst du dich denn selbst?
Miriam: Wenn ich Lust auf Sex habe, dann ziehe ich mich ganz aus und bewundere mich in meiner ganzen Schönheit. Vor dem Spiegel natürlich. Ich küsse auch meine Beine und Arme. Das ist sehr stimulierend. Manchmal ziehe ich mir auch schöne Wäsche an oder sexy aussehende Strümpfe. Das erregt mich.
Und dann bin ich früher mal auf eine Idee gekommen. Mich hat der Sex mit meinem damaligen Freund nicht sonderlich ange-

macht. Da habe ich im Schlafzimmer, vor dem Bett, einen Spiegel angebracht. Und das war es dann. Ich konnte mich beim Sex sehen, wunderbar. Meinen Freund habe ich in dem Spiel gar nicht wahrgenommen. Seit dieser Zeit liebe ich mich am liebsten vor dem Spiegel.

Domian: Ist es denn letztlich nicht intensiver, mit einem anderen Menschen Sex zu haben, als mit sich selbst?
Miriam: Auf keinen Fall. Ich finde es viel befriedigender, es alleine zu machen.
Domian: Du fühlst dich also mit dieser Lebenseinstellung rundherum wohl?
Miriam: Ganz klar ja. Ich bin von niemandem abhängig. Ich kann Sex immer haben, wenn ich es möchte. Ich brauche keine Rücksicht zu nehmen.
Domian: Und du fühlst dich auch nicht einsam?
Miriam: Nein.
Domian: Neben der Sexualität, wo und wie zeigt sich dein Narzißmus sonst noch?
Miriam: Ich bin der Mittelpunkt. Generell und absolut. Obwohl ich schon ein paar Freunde habe, und für die würde ich bis zu einem bestimmten Grad auch zurückstecken.
Domian: Wer ist für dich der wichtigste Mensch auf der Welt?
Miriam: Ich!
Domian: Was findest du, außer dem Äußeren, so toll an dir?
Miriam: Meine Art, mein Denken. Meine Eigenschaften. Ich bin zum Beispiel sehr ehrgeizig.
Domian: Wohin soll's denn gehen?
Miriam: Vielleicht in den künstlerischen Bereich.
Domian: Was ist für dich der Inbegriff von Glück?
Miriam: Wenn ich irgendwo bin, wo es sehr schön ist, wo es mir gut geht, wo ich etwas machen kann, was mir Spaß macht.
Domian: War diese narzißtische Veranlagung schon immer da?
Miriam: Ich war früher, so mit 14 und 15 total komplexbeladen, weil ich nicht gut aussah, und war demzufolge sehr in mich gekehrt und zurückgezogen. Heute hat sich das ins extreme Gegenteil umgedreht. Ich bin sehr extrovertiert. Übrigens rufe ich deshalb auch an. Es macht mir Spaß, mich in der Öffentlichkeit zu zeigen, besonders hier in einer so großen. Ich möchte auch gerne bewundert werden.
Domian: Dann wäre es ja noch schöner für dich, wenn das Publikum dich nicht nur hören, sondern auch sehen könnte.

Miriam: Oh, ja.
Domian: Hast du Angst vor den ersten Falten?
Miriam: Das ist mein größter Alptraum.
Domian: Dann tippe ich mal, daß die Schönheitschirurgen der Zukunft an dir viel Geld verdienen werden.
Miriam: Mit Sicherheit. Wenn ich das Geld dann habe.

Deutschland

Wir freuen uns sehr, daß DOMIAN auch in Ostdeutschland wahrgenommen wird. Das beweisen die täglichen Anrufe aus den neuen Bundesländern. Zu den von dort vorgeschlagenen Themen gehören, neben persönlichen Anliegen, Freud und Leid der Wiedervereinigung, die PDS als Nachfolgeorganisation der SED und natürlich die ehemalige DDR.
Für mich zählt das Ende der roten Diktatur auf deutschem Boden zu den herausragendsten politischen Ereignissen meines Lebens. Daß es **ohne** Blutvergießen und **ohne** Tote zum Zusammenbruch dieses Regimes gekommen ist und daß sich die beiden Teile unseres Landes in Frieden vereint haben, betrachte ich als außerordentliches Glück für Deutschland. Um so zorniger bin ich, wenn der ehemalige Zwangsstaat DDR schöngeredet wird, nach dem Motto: „Es gab ja auch gute Seiten." Ich empfinde dies als Hohn gegenüber den ungezählten Opfern der kommunistischen Diktatur: den Toten, den Gefolterten, den psychisch Geschundenen. Gänzlich unerträglich sind mir die unbelehrbaren, uneinsichtigen Täter.

Helmut: Ich war Offizier an der Grenze zur BRD. Und ich möchte darüber sprechen, daß die Sache mit den sogenannten Mauerschützen viel zu hochgespielt wird.
Domian: Wie meinst du das?
Helmut: Die Medien sind schuld. Die veranstalten ja geradezu eine Hetze. Da wird noch mal nachträglich der Sieg über die Deutsche Demokratische Republik gefeiert. Und meine Kollegen und ich werden an den Pranger gestellt.
Domian: Hast du auch auf Menschen geschossen?

Helmut: Ja. Ich mußte zwei Grenzverletzer erschießen.
(Gesprächspause)
Domian: Du hast zwei Menschen an der Grenze erschossen, weil sie in die Bundesrepublik wollten?
Helmut: Ja.

(Dieses „Ja" kam sehr entschieden, beinahe trotzig. Ich mußte mich sehr zusammenreißen, das Gespräch „normal" weiterzuführen).

Domian: Du kannst dich genau an die Vorkommnisse erinnern?
Helmut: Ja. Natürlich!
Domian: War dir in der Situation klar, daß du einen Menschen tötest?
Helmut: Das war mir völlig klar.
Domian: Gab es Sekunden, wo du gedacht hast, ich halte das Gewehr ein paar Zentimeter nach rechts oder links und schieße vorbei?
Helmut: Diese Sekunden gab es nie. Wenn ich das getan hätte, wäre es mir schlechter gegangen als den Grenzverletzern.
Domian: Nämlich was wäre dir passiert?
Helmut: Man hätte mich auf jeden Fall verurteilt, wegen Nichterfüllung meiner Dienstpflicht. Ich finde es ungerecht, daß man uns jetzt vor Gericht stellt.
Domian: Beschäftigt sich die Justiz auch mit dir?
Helmut: Ja, aber ich erwarte keine Gerechtigkeit.
(Gesprächspause)
Domian: Mir geht innerlich alles hoch. Ich finde es grauenhaft, was du gemacht hast. Ich finde es richtig, daß ihr vor Gericht gestellt werdet. Und ich finde, es gibt keine Entschuldigung für euch, keine Erklärung oder Begründung, so etwas gemacht zu haben.
Helmut: Ich habe überhaupt keine Gewissensbisse, daß das passiert ist. Es war meine Pflicht.
Domian: Ich könnte kotzen! Es gibt keine Pflicht, Menschen umzubringen. Und schon gar nicht für einen Staat, der in deinem Fall auch noch ein totalitärer Staat war.
Helmut: Ich war von diesem Staat überzeugt.
Domian: Ein schöner Staat, der seine Leute an der Grenze abknallt wie Karnickel.
Helmut: Es war unsere Pflicht . . .

Domian: Die "Pflicht", Menschen zu ermorden?
Helmut: Das war kein Mord. Wir haben Befehle gegeben, wir haben Befehle bekommen – und wir haben sie ausgeführt.
Domian: Und euch einen Dreck um Leben und Gesundheit der Flüchtlinge geschert.
Helmut: Jeder hatte das Recht, einen Ausreise-Antrag zu stellen.
Domian: Noch mal, ich finde diese Sichtweise absolut ätzend. Und ich wünsche euch allen, den Großen und den Kleinen, die härtesten Strafen, die überhaupt möglich sind. Ihr gehört hinter Schloß und Riegel. Ihr seid für mich Mörder. Selbst in eurem Staat gab es für den einzelnen Mittel und Wege, nicht zum Grenzdienst herangezogen zu werden.
Helmut: Es war unsere Pflicht.
Domian: Genauso haben die Wärter, die Täter, die Mörder in den KZs auch argumentiert!
Ich habe keine Lust mehr, mit dir zu reden.

Was „DDR" auch bedeutete, das schilderte mir einige Wochen später Karola (48):

Karola: Ich war von 1956 bis 1975 in politischer Haft, in der DDR.
Domian: Was genau hat man dir vorgeworfen?
Karola: Unter anderem „Staatsverleumdung" und „faschistische Hetze". Ich bin mit 15 zum ersten Mal mit dem DDR-Gesetz in Konflikt gekommen, und von da an hatte ich keine Chance mehr.
Domian: Was hattest du als 15jährige getan?
Karola: Ich habe nur neugierige Fragen gestellt. Zum Beispiel im Fach Staatsbürgerkunde, da sprachen wir einmal über Diktaturen, über deren Merkmale und negative Seiten. Da habe ich gesagt: „Das ist bei uns ja genauso." Oder ein anderes Mal, da habe ich gefragt, ob ein Mitschüler nur deshalb ausgegrenzt wird, weil sein Vater Pastor ist. Du hättest mal das Gesicht unserer 150prozentigen Lehrerin sehen sollen.
Domian: Später hat man dir „faschistische Hetze" vorgeworfen. Was steckte dahinter?
Karola: Nur die Tatsache, daß ich den Kommunismus in Frage gestellt habe.

Domian: Du warst 19 Jahre in Haft. Wie ist es dir dort ergangen?
Karola: Ich bin während dieser Zeit gefoltert worden. Man hat mich zum Beispiel mit Totschlägern grün und blau geschlagen. Das war meistens in einer Arrestzelle. Ich hatte Handschellen an, mußte mich in eine Ecke stellen, und dann haben sie wie blind auf mich eingedroschen.
Oder sie haben mich auf einer Pritsche festgeschnallt, um den Hals hatte ich einen Lederriemen. Ich konnte mich überhaupt nicht bewegen. Hätte ich den Kopf nur etwas ruckartig bewegt, ich wäre erstickt. Ich lag in dem Raum natürlich ganz alleine. Es gab Dämmerlicht. Und dann haben sie einen Wasserhahn so aufgedreht, daß er immer gleichmäßig tropfte. Stundenlang. Und ich starrte an die Decke und hörte nur dieses Tropfen. Das ist so, als würde es dir direkt ins Gehirn tropfen. Zehn Stunden etwa haben sie mich so liegen lassen. Und das immer wieder, über einen längeren Zeitraum. Kannst du dir das vorstellen?
Domian: Ich kann nur ahnen, was du ertragen hast.
Karola: Ich habe immer gedacht: „Jetzt ist es vorbei. Der Kopf zerspringt dir. Du stirbst jetzt . . ."
Und dann kamen sie ab und zu auch zu mir rein und sagten: „Wir wollen dir mal zeigen, was Manieren sind" und schlugen mir wieder ins Gesicht, auf die Brüste, auf den Unterleib. Es gab auch ruhigere Zeiten in den Anstalten. Aber immer wieder bin ich mißhandelt worden.
(Gesprächspause)
Was man als Mensch aushalten kann . . .
Domian: Das alles hast du 19 Jahre ertragen.
Karola: Ich bin dann irgendwann in den Hungerstreik getreten.
Domian: Dazu hattest du noch Mut?
Karola: Das hatte mit Mut überhaupt nichts zu tun. Das war das Endstadium meiner Verzweiflung.
So in etwa ging es in meinem Kopf vor: Entweder sterbe ich, aber ich bestimme es selber – oder es geschieht ein Wunder, und sie lassen mich gehen.
(Gesprächspause)
Die erste Zeit wurde ich noch mehr verprügelt als sonst.
Domian: Wie endete der Hungerstreik?
Karola: Nach 50 Tagen. Ich konnte nicht mehr richtig hören und wahrnehmen und bin dann völlig zusammengebrochen. Dann

haben sie mich zwangsernährt. Und einige Zeit später passierte das Wunder. Ich wurde von der Bundesrepublik freigekauft. Ich habe das damals **überhaupt nicht** kapiert, endlich in der Freiheit zu sein. Ich hatte nicht mehr daran geglaubt. Und am Anfang war es so ungeheuer schwer für mich, weil ich seelisch fast völlig zerstört war. Ich war sehr lange und mehrmals in psychiatrischen Kliniken.

Domian: Gab oder gibt es ein Wiedergutmachungsverfahren?

Karola: Na ja, ich erhalte eine kleine Rente, weil ich ja auch körperlich so geschädigt bin – und ich habe als einmalige Zahlung 30 000 DM bekommen.

Domian: Was ein Witz ist – für 19 Jahre verlorenes Leben.

Karola, was geht in dir vor, wenn du einen Begriff wie zum Beispiel „Ostalgie" hörst?

Karola: Du meinst die Tatsache, daß es Leute in Ostdeutschland gibt, die die DDR-Zeit verklären, wenn nicht zurückwünschen?

Domian: Ja, genau.

Karola: Was soll ich dazu sagen, in Anbetracht meiner Geschichte? Diese Leute verschließen die Augen vor der Vergangenheit, wie sie wirklich war. Es gab in der DDR keine Menschenrechte. Es war ein Drecksstaat, und ich habe noch heute Angst, wenn ich zu Besuch in den neuen Ländern bin.

Wo nicht selten die SED-Nachfolgepartei PDS eine starke Präsenz hat. Die Partei des Demokratischen Sozialismus ist in meinen Sendungen bislang sehr kontrovers diskutiert worden – und ich mache aus meiner Ablehnung keinen Hehl.

Horst (56): Ich bin PDSler. Es geht um deine Aversion gegen alles, was jenseits der Elbe ist...

Domian: Stop!

Das fängt ja schon gut an. Gegen die PDS zu sein, bedeutet nicht, gegen Ostdeutschland zu sein. Das ist ja ein ganz geschickter Trick von euch, es so darzustellen. Auf diese Weise macht ihr Stimmung. Ihr setzt PDS gleich mit dem Osten. Ich habe verdammt viel gegen die PDS, aber natürlich nichts gegen den Osten Deutschlands.

Horst: Deine ablehnende Haltung gegen die PDS ist ja schon krankhaft, und du hast dich wahrscheinlich noch nie mit ihr richtig auseinandergesetzt. Das sind keine Kommunisten oder Post-Kommunisten. Du solltest uns mal besuchen kommen, damit du das siehst.

Domian: Ich glaube, man muß nicht alle möglichen Gruppierungen persönlich besuchen, um sich eine Meinung zu bilden. Ich habe auch kein Interesse, irgendwelche Rep-Gruppen zu besuchen.

Horst: Na ja, das ist ja auch so ein Vergleich, der für mich völlig inakzeptabel ist. Ich habe Erfahrungen, daß in den verschiedenen Parteiebenen der PDS sehr ausgiebig, vollkommen demokratisch und gleichberechtigt diskutiert wird.

Domian: Ich sage nicht nur, daß die PDS keine demokratische Partei ist, ich spreche ihr auch jegliche moralische Glaubwürdigkeit ab. Sie hat die Rechtsnachfolge der SED beansprucht und angetreten und zeichnet somit verantwortlich für Mauer, Mord, Folter, Stasi und Selbstschußanlagen. Die SED war und somit ist die PDS blutverschmiert. Wenn das anständige Leute gewesen wären, dann hätten sie diesen Verein nach der Wende aufgelöst und sich nicht nur einfach umbenannt.

Horst: Also sind all die, die von den Grünen oder auch von der SPD bei uns mitmachen, unanständige Leute?!

Domian: Ich spreche die enorme Erblast dieser Partei an. Und mir ist es absolut unbegreiflich, wie man sich als Linker mit dieser Parteihistorie im Nacken arrangieren kann. Zudem verstehe ich nicht, wie man sich als PDSler wohlfühlt, als angeblich demokratischer PDSler, wenn man in den eigenen Reihen so etwas wie die Kommunistische Plattform hat. Die Dame Wagenknecht hält die DDR-Fahne hoch und leugnet die Verbrechen Stalins, relativiert sie zumindest.

Horst: Aber das ist doch nur eine verschwindend kleine Minderheit in der PDS.

Domian: Na und! Warum schmeißt ihr die dann nicht raus? Warum distanziert ihr euch nicht von denen? Was für ein Geschrei würde von euch losbrechen, übrigens zu Recht, wenn in der CSU eine NSDAP-Plattform geduldet würde – und wäre sie noch so klein.

Horst: Es ist infam, Kommunismus und Nationalsozialismus gleichzusetzen!

Domian: Die beiden Katastrophen unseres Jahrhunderts heißen Nationalsozialismus und Kommunismus. Ich nenne beide in einem Atemzug.

Horst: Mein Vater war Kommunist. Mein Großvater war auch Kommunist, er wurde vergast. Ich habe eine linke Biographie. Mich beleidigt so ein Vergleich. Mein Hauptanliegen war und ist der Antifaschismus.

Domian: Ich möchte nicht wissen, wie viele Antifaschisten sich unter dem Mantel der PDS versammeln, denen unsere Demokratie scheißegal ist.
Horst: Das kannst du mir nicht unterstellen.
Domian: Das tue ich auch nicht. Ich nehme zum Beispiel auch die ehemaligen Bürgerrechtler sehr ernst. Ich las neulich ein Interview mit Freya Klier, da bezeichnete sie die PDS als verlogene Kaderpartei mit Januskopf.
Horst: Ach, mit diesen Bürgerrechtlern kann ich überhaupt nichts anfangen. Ich will jetzt aber noch auf das Thema Mauerschützen kommen. Du hattest ja auch mal einen in deiner Sendung. Alles wird, meiner Auffassung nach, in den Medien einseitig berichtet. Kein Mensch redet davon, daß DDR-Grenzer von westlicher Seite, von Fluchthelfern, erschossen worden sind.
Domian: Wo gab es denn den Schießbefehl? Auf DDR- oder BRD-Seite?
Horst: Mit dem Schießbefehl, das ist ohnehin umstritten. Es gab eine Anordnung, daß derjenige, der die DDR verlassen will, daran gehindert werden sollte, notfalls auch mit der Waffe. Einen richtigen Schießbefehl gab es nicht.
Domian: Wahrscheinlich sagt die PDS auch, daß es gar keine richtigen Toten an der Grenze gegeben hat.
Horst: Ich bedaure jeden Todesfall an der Grenze. Aber man sollte die Leute, auch die Generalität, nicht anklagen. Die mußten ja ausführen.
Domian: Wenn jemand in der DDR General war, so setzt dies eine große, wenn nicht absolute Identifizierung mit dem Regime voraus. Also trägt jeder General auch Verantwortung.
Horst: Ich bin dafür, einen Schlußstrich zu ziehen.
Domian: Würdest du auch so reden, wenn die DDR eine rechte Diktatur gewesen wäre?
Horst: Ich lasse mich auf diesen Vergleich nicht ein.
Domian: Dann vergleiche doch mal die DDR mit der BRD.
Horst: Ich muß sagen, daß ich mit dieser Rechtsstaatlichkeit hier meine Probleme habe.

Auf meine entschiedene Haltung gegenüber der PDS werde ich oft angesprochen. Sich von den Republikanern zu distanzieren, gehört zum gängigen Ritual öffentlicher Menschen. Seltsamerweise scheint aber eine klare Verurteilung der PDS eine gewisse Irritation zu verursachen. Besonders, wenn diese Meinung von einem überzeugten Sozialdemokraten kommt, der Gysi und GenossInnen klammheimliche Freude über jeden neuen Arbeitslosen unterstellt. Denn: Je größer die Not, desto besser kann man hetzen. Ich hoffe sehr, daß die SPD die SED-Nachfolgerin nicht hoffähig macht. Und ich hoffe auf mehr Verständnis der Westdeutschen für die Belange und Gefühle der ehemaligen DDR-Bürger. Dies muß im Alltäglichen beginnen und sollte sich im Symbolischen fortsetzen: So wünsche ich mir als nächsten Bundespräsidenten einen Ostdeutschen, ich bin für einen raschen Umzug nach Berlin, um Ostdeutschland aufzuwerten, und ich finde noch heute Willy Brandts Vorschlag von 1990 diskutabel, dem wiedervereinigten Land auch einen neuen Namen zu geben. Seine schlichte Idee: Deutschland. – Direkt im Anschluß an das Streitgespräch mit Horst meldete sich bei mir Günter (47):

Günter: Ich war politischer Häftling in der DDR. 1976 habe ich versucht, auf dem Fluchtweg die DDR zu verlassen. Und zwar über die Tschechoslowakei. Ich kam an die bayerische Grenze, wurde aber von ČSSR-Grenzern gestellt, etwa 20 Meter vor der BRD. Ich wurde auf die übelste Weise zusammengeschlagen, ich wurde getreten, bespuckt und abtransportiert in Richtung DDR. Man überstellte mich den Behörden dort. Dann wurde ich wieder zusammengeschlagen, von DDR-Leuten. Sie haben mich ins Geschlechtsteil getreten, immer wieder mit den Fäusten ins Gesicht und auf die Nieren geschlagen. Dann bin ich in U-Haft gekommen und wurde von der Stasi vernommen. Nach sieben Monaten hatte ich meine Verhandlung und wurde zu zwei Jahren wegen Republikflucht verurteilt. In der U-Haft war ich in einer Vier-Mann-Zelle. Wir haben uns da alles mögliche erzählt und uns unterhalten, auch über Politik. Und leichtsinnigerweise habe ich in diesen Gesprächen meine Meinung durchblicken lassen. Die Folge war, daß ich zu den zwei Jahren noch acht Monate bekommen habe, wegen Staatsverleumdung.

Nach den Urteilen bin ich dann in ein anderes Gefängnis verlagert worden. Kam dort in den Isolierbereich, also abgetrennt von den anderen Gefangenen. Dann haben sich wieder Stasi-Spitzel mit mir beschäftigt, die ständig versucht haben, mir irgend etwas anzuhängen. Was ihnen dann auch gelungen ist. Folge für mich: Einzelhaft. Und das bedeutete: morgens zwei Scheiben trockenes Brot und jeden dritten Mittag eine Tasse Suppe. Die Zelle war im Keller, man mußte

sich nackt ausziehen und bekam so eine Art Nachthemd. Der Raum war dunkel, und es stand dort nur eine Pritsche. Waschen durfte man sich nur mit Salzwasser, damit man das nicht trank. Usw. usw.
Und deshalb bin ich der Meinung, aufgrund all der Dinge, die ich am eigenen Leib erfahren habe, und weil ich noch heute psychisch und körperlich darunter leide, daß die Offiziere, die einfachen Soldaten, die Richter, die Staatsanwälte, die Vollzugsbeamten, daß alle zur Verantwortung gezogen werden müssen.
Ich habe noch Verwandtschaft in der ehemaligen DDR, und ich bin kürzlich zum ersten Mal seit damals dort gewesen. Heute will kaum einer mehr etwas davon wissen.

Domian: Hast du damals die gesamte Strafe abgesessen?

Günter: Nein, nicht ganz. Nach eineinhalb Jahren bin ich ausgewiesen worden. Ich bin von der Bundesrepublik freigekauft worden. Aber ich muß dir sagen, mich schockiert, daß zum Beispiel ehemalige DDR-Richter jetzt bei uns wieder ihr Amt ausüben dürfen. Wer so etwas veranlaßt, will von den Opfern der DDR-Justiz nichts wissen. Mein Verfahren damals war eine Farce. Alles stand vorher schon fest. Und der Staatsanwalt sagte zu mir: „Sie sind eine Distel auf der sozialistischen Wiese."

Päderasten

Päderasten und Menschen mit pädophilen Neigungen sind in meiner Sendung schon mehrfach zu Wort gekommen. Sicher ist nicht jeder pädophil Veranlagte ein potentieller Mörder und nicht jeder Betroffene bewertet seine sexuelle Orientierung eindeutig positiv. Dennoch steht mir bei diesem Thema nicht der Sinn nach Differenzierung: Ich lehne Sexualität zwischen Kindern und Erwachsenen ohne Wenn und Aber ab. Im November 1995 sprach ich mit Mark (39):

Mark: Es geht um meine pädophile Neigung und die Probleme, die damit verbunden sind.

Domian: Dann erzähl mal.

Mark: Das Problem ist nicht meine Neigung, sondern die Gesetze. Die Strafen sind ja recht hoch, die darauf stehen.

Domian: Dich interessieren also kleine Jungs und Mädchen.
Mark: Ja, etwa im Alter zwischen sieben und 14 Jahren.
Domian: Wie befriedigst du diesen Trieb?
Mark: Richtig gelebt habe ich es noch nicht. Ich unterdrücke diese Neigungen. Aber sie kommen immer wieder hoch. In letzter Zeit verstärkt. Und eigentlich möchte ich sie leben.
Domian: Wie machen sich diese Empfindungen bemerkbar?
Mark: Na ja, wenn ich nette Kinder zum Beispiel auf der Straße sehe. Es handelt sich dabei primär nicht um ein sexuelles Interesse, sondern ich möchte Zärtlichkeiten austauschen. Ich habe auch keine Kinderpornos und bin kein Kinderschänder. Ich plädiere für eine einvernehmliche Sexualität.
Domian: Du hast es wirklich noch nie erlebt?
Mark: Nein.
Domian: Aber du hast große Sehnsucht nach einem zärtlich-sexuellen Verhältnis mit einem Kind?
Mark: Richtig.
(Gesprächspause)
Domian: Ich finde, daß deine Neigung ein psychischer Defekt ist. Und du hast die Pflicht, mit dir etwas zu unternehmen, therapeutisch.
Mark: Warum meinst du das?
Domian: Weil die Gefahr so groß ist, das Kind seelisch zu verletzen. Weil die Gefahr so groß ist, einen Schaden anzurichten, an dem das Kind vielleicht ein Leben lang zu leiden hat.
Mark: Auf die Idee, daß das Kind so was auch haben möchte, darauf kommst du wohl nicht? Auch Kinder wollen Sex.
Domian: Natürlich sind Kinder sexuelle Wesen. Ich habe gar nichts dagegen, wenn Kinder untereinander Sex haben. Aber es ist ein so schrecklich ungleiches Verhältnis, wenn ein zum Beispiel 30jähriger Mann mit einem neunjährigen Mädchen ins Bett geht.
Mark: Aha, du machst es also am Altersunterschied fest. Ich erinnere mich an eine Sendung von dir, da erzählte eine 60jährige von ihrem 30jährigen Mann. Davon warst du geradezu begeistert...
Domian: Das kann man überhaupt nicht vergleichen. Wenn du mit einem Kind Sex hast, so herrscht immer ein ganz klares Machtverhältnis zu Lasten des Kindes. Ich finde so was moralisch unter aller Sau.
(Mark redet aufgeregt und empört dazwischen. Er protestiert.)
Du mußt zu einem Fachmann, damit diese Neigung therapiert wird, wegtherapiert wird...

Dieses Gespräch endete in einer handfesten Streiterei. Der Anrufer fühlte sich extrem provoziert und versuchte massiv, seine Parolen über den Sender zu bringen. Er wehrte sämtliche Bedenken und Gegenargumente kategorisch ab. Tenor: Wenn keine Gewalt im Spiel ist, muß Sexualität mit Kindern möglich und erlaubt sein.
Wo und wann aber fängt die Gewalt an? Ich sage: mit Beginn eines solchen Verhältnisses.
Wo die Gewalt enden kann, das erzählte zwei Tage später Petra (33).
Normalerweise bemühe ich mich immer, in den Sendungen so authentisch wie möglich zu sein. Keine Maskerade, keine Show, kein Versteckspiel.
Während des Interviews mit Petra aber habe ich meine Gefühle nicht offen gezeigt – ich hätte sonst nur noch geheult.

Petra: Ich leide unter Schlafstörungen und habe deine Sendung vorgestern gesehen. Da war dieser pädophil veranlagte Mann...
(Gesprächspause)
Meine Tochter wurde vor 14 Monaten entführt, sexuell mißbraucht und ermordet.
(Gesprächspause)
Es ist eine Gewalteinwirkung passiert, die ist unvorstellbar. Ich habe Angst vor Menschen. Mein Mann, meine Söhne und ich, wir haben Angst, nach draußen zu gehen. Ich habe Alpträume: Was genau ist mit meiner Tochter geschehen?
Der Mann hat sich Gott sei Dank selbst gerichtet. Man hat ihn eine Woche gesucht. Dann tot gefunden. Er hat Selbstmord begangen.
Man hat Fragen im Kopf und bekommt keine Antworten.
Domian: Wie alt war deine Tochter?
Petra: Zehn Jahre – und mir ist völlig unverständlich, wie ein erwachsener Mensch einem Kind so etwas antun kann.
(Gesprächspause)
Und dieser Mann bei dir in der Sendung – es klang so, als wollte er einen Freibrief für seine sexuelle Veranlagung haben.
Ich kann ihm nur den Tip geben, wenn er sich und der Menschheit einen Gefallen tun will, dann soll er sich eine Kugel in den Kopf jagen. Denn er ist wie ein geladener Revolver. Genauso soll auch der Mörder meiner Tochter geredet haben.

Domian: Petra, du sagtest vorhin, daß du Angst vor Menschen hast. Mit wem überhaupt hast du Kontakt?
Petra: Mit fast niemandem. Uns hat auch keiner geholfen. Nur der „Weiße Ring" unterstützt uns.
Mein Kopf ist ja damals explodiert. Wenn ich zum Beispiel an die Beerdigung denke. Ich weiß ja nicht mal, wie meine Tochter nach der Tat ausgesehen hat. Da lag sie nun in diesem Sarg. Und alle Leute um uns herum sind auf Distanz gegangen. Ich wollte mich umbringen, damals, weil mir der Glaube an das Menschliche so brutal ausgetrieben worden war. Aber mein Mann und meine Söhne waren ja noch da. Die durfte ich ja nicht alleine lassen.
Domian: Haben euch die Behörden oder die Polizei nicht geholfen?
Petra: Nein. Der Staat tut alles für die Täter. Die bekommen Anwälte und Psychologen. Bei uns war bis heute kein Psychologe.
Domian: Kanntest du den Täter?
Petra: Nein.
Domian: Als du die schlimme Nachricht übermittelt bekamst, was ist da in dir passiert?
(Gesprächspause)
Petra: Ich wußte es eigentlich schon vorher. Meine Tochter ist auf dem Schulweg entführt worden. Wir haben ihr Fahrrad gefunden, ihre Tasche und die Sportsachen. Ihr Weg führte an einer Pferdekoppel vorbei. Dort hat er sie wohl geschnappt. Jedenfalls waren ihre Sachen dort.
Und irgendwie war es wie eine Eingebung. Am Abend habe ich geweint und zu meinem Mann gesagt: „Sie ist tot." Und nach dem Obduktionsbericht ist sie tatsächlich um diese Zeit ermordet worden. (Petra weint)
(Gesprächspause)
Fast acht Stunden hat er sie gequält. Das ist unvorstellbar.
Welche Angst muß mein Kind gehabt haben. Und ich hoffe und stelle mir vor, daß sie schon vorher einen Herzanfall bekommen hat. Sie war nämlich herzkrank. Vielleicht war sie schon bewußtlos, als er sie ermordet hat.
Man hält sich ja an gewissen Sachen fest, um nicht ganz unterzugehen.
Domian: Wie hat damals unmittelbar nach der Tat deine Umgebung reagiert?
Petra: Gar nicht.

Domian: Gar nicht?
Petra: Meine Tochter war noch nicht ganz unter der Erde, da sagte eine Verkäuferin beim Einkaufen zu mir: „Hast du es denn schon überstanden?"
Domian: Wie ist die Situation in der Familie?
Petra: Wir können uns jetzt nicht mehr helfen. Es geht nicht. Jeder hat sein eigenes Gefühl. Und wir können uns gar nicht mehr mitteilen.
Mein einer Junge zum Beispiel, der war früher so ein richtiger Kasper. Heute ist er völlig düster. Er hat über ein halbes Jahr nicht mit uns gesprochen.
Domian: Wie gehst du denn ganz persönlich mit deiner Trauer um?
Petra: Ich versuche das mit mir alleine zu regeln. Wenn ich mit meinem Mann anfange, über unsere Tochter zu sprechen, weinen wir beide sofort. Das ist immer dasselbe.
(Gesprächspause)
Ich vermisse mein Kind so.
Wir haben zwar ihr Zimmer leergeräumt. Aber überall in der Wohnung erinnert mich etwas an sie.
Domian: Als ihr das Zimmer ausgeräumt habt...
Petra: Das war so grauenhaft... (Petra weint)
(Gesprächspause)
Das ist so, als würde sie einem das zweite Mal weggenommen.
Domian: Was empfindest du gegenüber dem Täter?
Petra: Ich habe viele Wochen gegen einen Unsichtbaren gekämpft. Hatte große Angst, wenn mich jemand angefaßt hat, sogar manchmal wenn es mein Mann war.
Heute kann ich gar nichts mehr zu dem Täter sagen.
Domian: Kennst du die Familie des Täters?
Petra: Ja, ich habe mit den Leuten telefonisch Kontakt aufgenommen. Der Vater war recht freundlich. Aber die Mutter hat mir zu verstehen gegeben, daß meine Tochter letztlich an allem Schuld sei.
(Gesprächspause)
Domian: Das hat die Frau zu dir gesagt?
Petra: Ja.
Domian: Empfindest du Haß für diese Frau?
Petra: Ja.
Und hätten sie ihn anders erzogen, wäre es nie soweit gekommen. Er ist auch öfter nach Thailand geflogen. Sie hätten ihn doch fragen können: „Was machst du immer da?" Und weißt du, warum

ihm unsere Kleine aufgefallen ist? Sie hatte in ihrem Gesicht etwas Asiatisches.
(Gesprächspause)
Domian: Bist du religiös, Petra?
Petra: Ich weiß es nicht. Aber ich glaube, daß mein Kind irgendwo lebt, weiterlebt.

Mißhandlung

Nach wie vor werden Frauen und Kinder in unserem Land, in unserer Welt, mißhandelt. Ich schätze die Dunkelziffer erschreckend hoch ein. Nur so kann ich mir auch die vielen Briefe erklären, die ich bis heute zu diesem Thema bekommen habe. Denen stehe ich oftmals recht hilflos gegenüber. Da ich in den wenigsten Fällen etwas tun kann. Außer Hilfsorganisationen zu nennen, auf Frauenhäuser zu verweisen und an den Mut der Schreiberinnen zu appellieren, initiativ zu werden.
Besonders zu Herzen gehen Briefe von Kindern und Jugendlichen, die aus Angst vor ihrem Peiniger anonym schreiben. Im Juni 1995 erreichten mich folgende Zeilen, liebevoll eingepackt in einen sehr kleinen Umschlag, auf dessen Rückseite ein trauriger Halbmond gemalt war:

Lieber Jürgen!
Ich bin der Marcel und bin 11 Jahre alt. Ich gucke ganz oft deine Sendung. Mutti schläft dann, und er ist noch Biertrinken. Wenn du mein Papa wärst, dann wäre alles gut. Ich hab immer so viel Angst. Manchmal kommt Papa nachts noch in mein Zimmer. Ich muß dann aus dem Bett, mich nackt ausziehen und auf den Bauch legen. Dann schlägt er mich mit seinen Schuhen. Ich halte meine Hände immer an den Kopf, weil man, glaube ich, dumm und blöd wird, wenn man da so doll Schläge kriegt. Einmal war sogar meine Hand gebrochen. Da mußte ich ins Krankenhaus. Mutti hat gesagt, daß ich gefallen bin. Du würdest mich doch bestimmt nicht schlagen? Würdest du denn einen Jungen haben wollen wie mich? Manchmal wünsche ich mir, daß ich tot bin. Mein Papa sagt immer,

ich bin eine Ratte. Mutti weint dann. Die haut er noch mehr als mich. Am schlimmsten ist es, wenn er Bier getrunken hat. Würdest du mich auch mal in den Arm nehmen?
Jetzt weiß ich nichts mehr. Dein Marcel. Ich hab dich lieb.

„Haß" hieß unser Thema in einer Oktobernacht 1995. Eine Frau (41) rief an, die unter falschem Namen sprach. Ich nenne sie hier Gerda.

Gerda: Ich bin von meinem Ex-Ehemann gehaßt worden. Das fing sechs Wochen nach der Hochzeit an. Da hat er mich erstmals geschlagen. Später bin ich geprügelt und mißhandelt worden.
Domian: Wie lange hattest du ihn vor der Heirat gekannt?
Gerda: Etwa zwei Jahre.
Domian: Und da war alles in Ordnung?
Gerda: Ja. Wir hatten sogar schon zusammengelebt.
Domian: Hast du eine Erklärung für sein Verhalten?
Gerda: Er war Schreiner. Ich glaube, daß er auch ein guter Handwerker war. Er hat damals allerdings seine Meisterprüfung nicht bestanden. Und ich war zu der Zeit recht erfolgreich. Ich vermute, er hatte Angst, ich könne ihn überrunden. Und er sah in mir die Schuldige für seine Niederlagen. Obwohl ich natürlich rein gar nichts damit zu tun hatte.
Domian: Wie lange hast du es bei ihm ausgehalten?
Gerda: Sieben Jahre.
Domian: Sieben Jahre? Obwohl er dich geschlagen hat?
Gerda: Ja, und das immer wieder. Er hat mich auch und immer wieder vergewaltigt. Er hat mich absolut fertiggemacht, auch psychisch. „Ohne mich bist du gar nichts – ohne mich landest du in der Gosse", hat er gesagt, geschrien.
Domian: Warum bist du so lange bei ihm geblieben?
Gerda: Irgendwie kannte ich es ja nicht anders. Ich bin zu Hause von meiner Mutter auch immer geschlagen worden. Und dann war ich ihm auch hörig. Hatte zudem Angst vor dem Schritt in die Eigenständigkeit. Ja – und ich habe ihm immer wieder geglaubt, wenn er sagte: „Entschuldige, verzeih mir, ich werde es nie wieder tun."
Domian: Nach sieben Jahren war dann Schluß. Warum?
Gerda: Weil er zweimal versucht hat, mich umzubringen. Er hat mich so sehr zugerichtet, ich hatte Würgemale am Hals. Er hat sich

auf mein Becken gesetzt, mit den Knien meine Arme festgehalten und versucht, mich zu erwürgen. Ich hatte Bißwunden auch am Rücken. Er hat mich rundum mißhandelt. Ich habe geschrien und mich gewehrt. Und zuletzt hat er den Versuch unternommen, mich anzuzünden. Ich habe so geschrien und mich dann von ihm befreien können. Verbrennungen hatte ich an den Beinen und am Rücken.
Domian: Was hast du nach der Selbstbefreiung gemacht?
Gerda: Mir ist es gelungen, ihn in der Wohnung einzuschließen. Bin dann zum Taxi gerannt und obwohl ich kein Geld hatte, hat die Fahrerin mich ins Krankenhaus gebracht. Sie sah ja, wie zugerichtet ich war.
Domian: Wie lange warst du in der Klinik?
Gerda: Vier Wochen. Mein Kiefer war auch zweimal gebrochen. Und Zähne waren herausgeschlagen.
Domian: Hast du damals deinen Mann angezeigt?
Gerda: Ja. Und stell dir vor ... (Gerda, die bis hierher ganz klar und gefaßt erzählt hat, fängt heftig an zu weinen.)
(Gesprächspause)
Er ist freigesprochen worden.
Domian: Freigesprochen worden? Wie ist das möglich?
Gerda: Ich weiß es auch nicht. Ich hatte keinen guten Anwalt. Ich war ja mittellos. Und im Krankenhaus haben die einen ganz dämlichen Bericht geschrieben. Da war zu lesen: Patientin gibt an, von ihrem Mann geschlagen worden zu sein.
Domian: Hattest du Kontakt mit einer Frauen-Hilfsorganisation?
Gerda: Nein.
Domian: Hat er dich nach dem Verfahren in Ruhe gelassen?
Gerda: Ja. Aber die Sache ist nun sechs Jahre her. 1989 sind wir geschieden worden. Und ab und zu sehe ich ihn zufällig in unserer Stadt. Ich habe dann immer noch so große Angst. Belästigt hat er mich nicht mehr. Aber eine Geheimtelefonnummer habe ich noch heute.
Domian: Wie denkst du über die Vorkommnisse heute?
Gerda: Es macht mir noch immer so sehr zu schaffen. Ich leide unter Autoaggressionen, d. h. ich verletze mich, ich mache mir schöne Sachen kaputt usw.
Domian: Du haßt diesen Mann?
Gerda: Ja, ich empfinde Haß – und Angst.
Domian: Gibt es Möglichkeiten, so ein Verfahren wieder aufzurollen?

Gerda: Das möchte ich nicht. Die Kraft habe ich nicht. Ich bin jetzt in Therapie und habe das Gefühl, daß ich erst seit einem Jahr Fortschritte mache und zu mir finde. Davor war ich knapp zwei Jahre in der Psychiatrie. Das war die Hölle. Die haben mich mit Medikamenten vollgepumpt. Und erst jetzt, in der letzten Zeit, fange ich an zu begreifen; zum Beispiel auch, daß **ich** nicht Schuld hatte. Über Jahre sah ich in mir den Schuldigen für alles. Ich hatte für das Verhalten meines Mannes immer Erklärungen parat.
(Gesprächspause)
Und Jürgen, ich möchte noch etwas zu all den Frauen sagen, die so was jetzt erleben, wie ich erlebt habe: Guckt, daß ihr so schnell wie möglich von ihm wegkommt. Einmal schlagen reicht.
Domian: Ich wünsche dir für deine Therapie viel Erfolg und für deine Zukunft viel, viel Glück!

Ungewöhnliche Krankheiten

Ich bin durch meine Talk-Radio-Arbeit „dankbarer" geworden. So altbacken das auch klingen mag. In Anbetracht der schweren Schicksale, die ich immer wieder zu hören bekomme, wurde mir irgendwann bewußt, wie gut doch mein Leben verläuft. Vieles, was ich früher als Selbstverständlichkeit sah, kann ich heute wertschätzen. Und mich darüber freuen. Gleichzeitig schäme ich mich mittlerweile, wenn ich wegen Kleinigkeiten jammerig und mißmutig gestimmt bin. Es gibt Talk-Situationen, in denen ich ganz „klein mit Hut" werde, weil meine Gesprächspartner, trotz einer extrem traurigen Biographie oder einer schlimmen Krankheit, beeindruckend lebensfroh und stark sind. Ich denke dann oft: „Das würdest du so nie schaffen."
Ende Februar 1996 hieß das Thema einer DOMIAN-Nacht „Ungewöhnliche Krankheiten". Ich unterhielt mich unter anderem mit Hiltrud (46) und Judith (35). Zwei Frauen, die ich wirklich bewundere.

Hiltrud: Ich habe von Geburt an eine besonders schwere Bindegewebsschwäche. Die ist aber erst vor zwei Jahren festgestellt worden.

Domian: Wie macht sich die Bindegewebsschwäche bemerkbar?
Hiltrud: Der ganze Körper ist betroffen. Vor allen Dingen die inneren Organe. Äußerlich natürlich auch. Ich bin nur 1,24 m groß, weil sich die Gewebeschwäche auf Muskeln und Knochen auswirkt. Ich sehe dementsprechend etwas seltsam aus. Wenn man es lustig nehmen will, könnte man mich mit einem Frosch vergleichen. Die Arme und Beine sind recht normal gebaut, aber der Körper ist klein. Mir fehlen zum Bespiel auch ein paar Rippen, und die Organe liegen nicht an den richtigen Stellen.
Domian: Das scheint ja alles sehr offensichtlich zu sein. Wieso hat man das erst vor zwei Jahren festgestellt?
Hiltrud: Ich bin in der DDR aufgewachsen. Da bin ich ärztlich nicht so betreut worden, wie hier. Man hat mir immer erzählt, daß meine Mutter während der Schwangerschaft gefallen wäre. Und deshalb sei ich so auf die Welt gekommen. Erst wegen einer anderen Sache wurde ich dann hier im Westen gründlich untersucht, eben vor zwei Jahren. Und da hat man das festgestellt.
Domian: Kann man deine Krankheit behandeln?
Hiltrud: Nein, das kann man nicht mehr. Das ist versaut.
Domian: Hätte man dich denn früher behandeln können?
Hiltrud: Das schon, ja. Und da fühle ich mich auch verarscht. Vieles, was jetzt ist, hätte man abmildern können. Durch Operationen. Durch eine Behandlung der Wirbelsäule.
Domian: Hast du auch Schmerzen oder Behinderungen irgendwelcher Art?
Hiltrud: Ja, natürlich. Ich kann sehr schlecht laufen, weil ich rechtsseitig fast gelähmt bin. Das Bein ist zudem 12 cm kürzer. Ich habe eigentlich immer Schmerzen, und durch das Alter nehmen die noch zu. Mein ganzer Körper drückt sich irgendwie zusammen. Der rechte Lungenflügel zum Beispiel ist hochgerutscht bis an das Schulterblatt. Das verursacht mir immer mehr Atembeschwerden. Dann machen mir die Nieren Probleme. Rechts habe ich gar keine, dafür links zwei, und die liegen über Kreuz. Und einen Dauerkatheter habe ich auch und deshalb, weil sich da immer was entzündet, muß ich oft Antibiotika nehmen. Schmerzmittel muß ich auch ziemlich viele nehmen.
Domian: Behindert diese Krankheit dein Leben sehr?
Hiltrud: Weißt du, Jürgen, ich kann zwar nicht arbeiten, aber ich bin ein lustiger und optimistischer Mensch. Auch sehr temperamentvoll. Und ich rede gar nicht viel über meine Krankheit. Ich

bin seit 18 Jahren mit, wie man das so sagt, einem ganz normalen Mann verheiratet. Er ist 1,78 m, aber das macht nichts. Man kommt an alles ran, was man so braucht. Ich habe viele Freunde und führe ein ganz normales Leben.
Domian: Bist du wegen deines Äußeren schon mal dumm angemacht worden?
Hiltrud: Ja, das gab es schon. Was die Leute so angeht, habe ich aber so eine merkwürdige Beobachtung gemacht. Wenn ich laufe, das kann ich ja noch, wenn auch schlecht, dann schreckt das die Menschen ab. Ich bin so klein, so verwachsen, ich wackle. Wenn ich nach draußen will, allerdings fahre ich meistens mit meinem elektrischen Rollstuhl. Darauf reagieren die Leute dann besser. Das ist für sie wohl weniger bedrohlich.
Aber eigentlich ist mir das alles auch egal. Ich stehe auf dem Standpunkt, wenn man eben so ein Leben hat, wie ich es habe, dann muß man versuchen, das Beste daraus zu machen. Klagen hilft da nicht viel. Würde es nur noch viel schlimmer machen.
Domian: Liebe Hiltrud, dir und deinem Mann viel Glück! Und wirklich alles Gute!

Judith: Also, ich habe etwas gegen den Begriff „leiden". Ich habe eine Krankheit. Aber ich „leide" nicht daran.
Domian: Was für eine Krankheit ist das?
Judith: Es ist eine ganz seltene Hauterkrankung. Auf jeden mechanischen Reiz, also Druck, Stoß oder Reibung gibt es folgende Reaktion: Die oberste Hautschicht löst sich ab. Meistens gibt es erst eine Blase, oder es sieht wie eine Abschürfung aus.
Domian: Wenn du zum Beispiel an deiner Bluse einen Druckknopf hast und diesen zudrückst – wird dadurch schon eine solche Reaktion ausgelöst?
Judith: Ja genau. So etwas kann ich gar nicht machen. Es gäbe sofort eine kleine Verletzung. Wobei die Empfindlichkeit der Haut unterschiedlich ist. Auf der Brust wäre es schon sehr unangenehm.
Domian: Was passiert, wenn du deine Schuhe mal zu fest bindest?
Judith: Es ist sehr schwierig für mich, Schuhe zu finden, die mich nicht verletzen. Ich muß immer sehr lange suchen. Und es geht auch nicht nur um das Schnüren, sondern sie müssen unbedingt an jeder Stelle passen. Sonst habe ich gleich wieder Verletzungen.

Domian: Welche sonstigen Schwierigkeiten hast du wegen deiner Krankheit?
Judith: Na ja, die Verletzungen heilen mit Narben ab. An den Händen hat das zur Folge, durch die schon gar nicht mehr zählbaren Narben, daß sich die Finger verkrümmen, und ich kann zunehmend schlechter die Finger bewegen. Dann sind auch meine Schleimhäute betroffen. Meine Speiseröhre hat nur einen Durchgang von 2 mm. Deshalb dauert es ewig, bis ich mit dem Essen fertig bin. Ich darf halt nichts Hartes essen, weil die Schleimhaut sonst so reagiert, wie meine Außenhaut. Das ist so das Innere. Im Alltag muß ich unheimlich darauf achten, daß mir keiner auf den Fuß tritt oder daß mich jemand anrempelt.
Domian: Man muß dann doch sicher auch sehr vorsichtig sein, dir die Hand zu geben.
Judith: Ja, unbedingt. Wenn jemand nach festem Händedruck aussieht, muß ich ihn schnell vorher warnen. Die Konsequenz aus allem ist, daß ich schon sehr zurückgezogen lebe. Ich habe halt Angst vor Getümmel. Aber ich schäme mich nicht.
Domian: Sieht man es im Gesicht auch?
Judith: Oh, ja. Neulich noch habe ich mich im Schlaf wohl gestoßen, mit meinen Händen, da hatte ich wieder eine große Verletzung. Und alles hinterläßt eine Narbe, schon immer.
Domian: Wie lange hast du diese Krankheit schon?
Judith: Seit der Geburt. Und als Kind war das schon schlimm. Man stößt doch immerzu irgendwo an.
Domian: Mich wundert sehr, Judith, dein Eingangssatz. Jeder denkt jetzt doch, nachdem was du erzählt hast, daß man unter dieser Krankheit natürlich „leidet".
Judith: Ich habe die Krankheit. Aber ich denke doch nicht ständig an sie. Und ich denke auch nicht: „Wenn ich nur gesund wäre, dann wäre es so oder so." Das führt ja zu nichts. Deshalb gefällt mir das Wort „leiden" nicht. Ich denke auch nicht pausenlos an Therapiemöglichkeiten. Die gibt es ohnehin nicht.
Domian: Ist das so?
Judith: Ja.
Domian: Wie ist das so im Liebesbereich. Versuchst du da auch ganz normal zu leben?
Judith: Ich habe bisher niemanden kennengelernt, mit dem ich eine Beziehung hatte. Aber ich habe ganz viele Freunde, tolle Freunde. Auch Männer. Eine Partnerschaft gab es jedoch in meinem Leben nicht.

Domian: Führst du das auf die Krankheit zurück?
Judith: Sicher, ja. Und dann bin ich so erzogen worden, daß so was für mich sowieso nie möglich sein würde. Und entsprechend verhalte ich mich auch.
Domian: Vermißt du es?
Judith: Manchmal schon.
Domian: Hättest du auch Probleme, mit einem Mann zu schlafen? Ich meine, ist die Scheide von der Empfindlichkeit auch betroffen?
Judith: Ja. Aber es geht schon. Zwar bei mir nicht. Das liegt wie gesagt an meiner Erziehung. Aber ich bin in einer Selbsthilfegruppe, dort gibt es auch verheiratete Frauen. Die müssen sich halt vorsehen. Übrigens sehe ich diese Störung im Bereich Sexualität als einziges wirkliches Problem in meinem Leben.
Domian: Was machst du von Beruf?
Judith: Ich bin Diplom-Sozialarbeiterin. Kann den Beruf aber zur Zeit nicht ausüben. Seit drei Jahren bin ich schwer nierenkrank, als Folgeerscheinung meiner Krankheit, hänge auch an der Dialyse. Da ist eine Berufstätigkeit nicht möglich. Jeden Tag habe ich einen Verbandwechsel von drei Stunden. Den macht die Gemeindeschwester für mich. Ich habe eben so viele Wunden am Körper. Und dreimal die Woche habe ich Dialyse, je vier Stunden. Das klingt vielleicht alles nicht so schön, aber ich will mich von der Krankheit nicht lähmen oder vereinnahmen lassen. Und bis jetzt schaffe ich das gut.
Domian: Respekt, Respekt.
Judith: Ja, aber ich möchte auch nicht den Eindruck erwecken, daß das alles so easy ist. Es gibt Tage, wo es mir wirklich zum Halse heraushängt. Und dann beneide ich die gesunden Leute. Aber ich glaube, daß auch meine Krankheit einen Sinn hat. Und wenn es der ist, sie anderen Leuten zu zeigen. Und ihnen zu vermitteln, daß auch ich gerne lebe.
Domian: Vielen Dank für deinen Anruf. Von Herzen viel Glück!

Kindstod

Man stelle sich das vor: Eine junge Mutter schläft mit ihrem Säugling in einem Bett. Am Morgen wundert sie sich, daß das

Kind so still ist. Sie berührt es, sie streichelt es – und muß dann den Tod des Kindes erkennen. Mit diesem Schicksal meldete sich Rosa (28) bei mir.

Rosa: Ich möchte über den plötzlichen Kindstod mit dir sprechen.
Domian: Du bist selbst betroffen?
Rosa: Ja, mein zweiter Sohn ist vor anderthalb Jahren gestorben, im Alter vom siebeneinhalb Wochen. Das ist nicht so typisch, weil man eigentlich davon ausgeht, daß es die Kinder zwischen dem zweiten und vierten Monat trifft. Sie sterben ganz plötzlich – und man weiß nicht warum.
Domian: Wie ist dein Sohn gestorben?
Rosa: Er ist praktisch auf meinen Knien gestorben. Ich lasse grundsätzlich meine Kinder in meinem Bett schlafen, solange sie klein und wurmig sind. Und in jener Nacht hatte ich ihn noch gestillt, habe ihn dann auf meine Knie gelegt und bin selbst eingeschlafen. Nach einer Weile habe ich ihn neben mich gelegt, was ihm aber nicht so gut gefallen hat. Also wieder auf die Knie. So bin ich auch wieder eingeschlafen. Am nächsten Morgen lag er zwischen meinem Mann und mir – und war tot.
Domian: Hast du das in dem Moment überhaupt kapiert?
Rosa: Nein, ich habe zuerst gedacht, mein Mann ist zu blöd, das Kind aufzuwecken. Dann habe ich den Kleinen angefaßt, gestreichelt, auf den Arm genommen. Aber mein Mann sagte, er ist tot. Und zu diesem Zeitpunkt war mein Sohn auch schon richtig kühl. Da habe ich es dann verstanden.
Domian: Was habt ihr dann gemacht?
Rosa: Wir haben den Notarzt gerufen. Der hat uns dann aus dem Zimmer geschickt, und er und seine Leute haben sich noch mit dem Kind beschäftigt. Aber es war halt nichts mehr zu machen. Obwohl ich während dieser Minuten gehofft habe.
Richtig fassen kann man das nicht. Und man sucht immer nach einer Erklärung.
Domian: Wurde das Kind mitgenommen?
Rosa: Ja. Und die Kripo kam auch später noch. Die Kinder werden sozusagen beschlagnahmt, weil man sie untersuchen muß. Es könnte ja auch ein Verbrechen vorliegen.
Domian: Es ist doch sicher sehr belastend, in einer solchen Lage auch noch verhört zu werden.

Rosa: Wir hatten einen sehr netten Kripo-Beamten. Aber ich dachte, **ich** hätte mein Kind umgebracht, weil ich es auf die Knie gelegt hatte. Meine Gedanken waren: Der ist runtergerollt und erstickt. Aber sehr wahrscheinlich war es nicht so.
Domian: Hast du noch heute ein schlechtes Gewissen?
Rosa: Ich bekämpfe es sehr erfolgreich. Und ich glaube, daß man sich immer irgendwie schuldig fühlt, wenn Kinder sterben, egal woran. Man denkt, man hat nicht alles getan.
Domian: Ist das Kind obduziert worden?
Rosa: Nein. Ich war damals auch froh darüber. Es wäre sehr schwer für mich gewesen. Heute denke ich anders. Vielleicht wäre es richtig gewesen. Man hätte auf diese Weise etwas feststellen können.
Domian: Man kann definitiv nicht sagen, wie, warum das Kind gestorben ist?
Rosa: Nein, das kann man nicht sagen. Auf dem Totenschein steht: Ungeklärte Ursache.
Domian: Der Kleine war kerngesund?
Rosa: Absolut. Er wog fast acht Kilo, was für sein Alter ja recht viel war. Aber das ist ja das merkwürdige daran, man merkt es den Kindern nicht an.
Im nachhinein habe ich mich informiert. Und da wurde mir klar, daß es schon Hinweise gegeben hat. Um ihn herum im Bett war zum Beispiel immer ein nasser Fleck. Dieses Schwitzen wertet man als mögliches Anzeichen für den plötzlichen Kindstod. Er war immer klatschnaß. Auch wenn ich gerade die Wäsche gewechselt hatte.
Oder beim Trinken hat er sich oft verschluckt. Dann hat er gar nichts mehr gemacht, bis ich ihn richtig angeschubst habe. Wenn man im vorhinhein über solche möglichen Anzeichen Bescheid weiß, kann man ein Kind ja gezielt untersuchen lassen. Ich wußte kaum etwas.
Domian: Meinst du, daß eine bessere Aufklärung viele Leben retten könnte?
Rosa: Viele wohl nicht. Weil eben nicht alle Kinder solche Anzeichen haben. Aber immerhin doch einige.
Domian: Ich kann mir denken, daß es als Mutter und als Eltern sehr schwer ist, mit so einem Schicksalsschlag fertigzuwerden. Wie war oder ist es bei dir?
Rosa: Zuerst habe ich ganz viel Literatur gesucht. Und dann bin ich durch eine Bekannte auf die Selbsthilfegruppe gestoßen.

Solche Gruppen gibt es in ganz Deutschland. Mir hat das sehr geholfen. Bei diesen Gruppen übrigens kann man sich auch vorinformieren.
Meine Trauer hat sich während der letzten Zeit natürlich verändert. Aber fertig bin ich damit noch nicht. Ich bin dann danach auch recht schnell wieder schwanger geworden, weil ich die Lücke schließen wollte, die entstanden war. Diese unmittelbare Schwangerschaft hat mir sehr, sehr gut getan. Kinder sind Hoffnungsträger.
Domian: Vielen Dank, Rosa, für deinen Anruf. Und dir und deiner Familie wünsche ich alles Gute.

Aids

Offenes Talk-Radio in einer April-Nacht 1996.

Domian: Ich begrüße herzlich Christoph, 19 Jahre alt. Christoph, dein Thema?
Christoph: Mein Thema bezieht sich auf Homosexualität und Aids.
Domian: Wie bist du davon betroffen?
Christoph: Ich lebe seit einem knappen Jahr mit meinem Freund zusammen, er ist 30. Und mein Freund hat vor vier Monaten erfahren, daß er positiv ist.
Ich habe damals sofort einen Test gemacht, der war negativ. Dann, acht Wochen später, habe ich noch einen Test gemacht, der wieder negativ ausfiel.
(Gesprächspause)
Er ist die erste große Liebe meines Lebens. Und...
(Gesprächspause)
Wir schlafen ungeschützt miteinander.
(Gesprächspause)
Und ich muß jetzt einfach mal mit jemandem reden. Ich sehe deine Talk-Show oft... na ja...
(Gesprächspause)
*Domian: Christoph, **warum** schlaft ihr ungeschützt miteinander?*

Christoph: Ich weiß es selber nicht. Im Grunde ist es Selbstmord.
Domian: Das ist doch Wahnsinn!
Christoph: Er mag die Kondome nicht. Und ich auch nicht.
Domian: Dir ist absolut klar, daß du mit deinem Leben spielst?
Christoph: Ja. Und mittlerweile glaube ich, daß ich es auch habe, da wir sehr oft miteinander geschlafen haben.
Domian: Ist es so, daß du denkst: „Ich liebe ihn so sehr, daß ich auch mit ihm sterben möchte?"
Christoph: Ja. Mein Leben ist für mich zweitrangig. Ich mache mir viel mehr Sorgen um ihn, als um mich.
Domian: Was sagt denn dein Freund dazu?
Christoph: Er toleriert meine Einstellung. Und Safer Sex ist nie ein Thema gewesen.
*Domian: **Will** dein Freund, daß du dich auch infizierst?*
Christoph: Er **will** es nicht. Aber eigentlich weiß ich nicht genau, was in ihm vorgeht. Wir haben dieses Thema nie groß angesprochen. Der Sex läuft so, als wäre nie etwas gewesen.
(Gesprächspause)
Domian: Ich bin sehr zwiegespalten, Christoph. Auf der einen Seite habe ich großen Respekt vor einer sehr großen Liebe, die mit absolut allen Konsequenzen gelebt wird. Zusammen. Vielleicht bis zum gemeinsamen Tod.
Auf der anderen Seite empfinde ich das Leben als so wertvoll, daß man es hüten, schützen und unbedingt bewahren muß.
(Gesprächspause)
Und ich verstehe auch deinen Freund nicht. Ich würde nicht wollen, daß mein Freund oder meine Freundin sich bei mir ansteckt. Ich würde wollen, daß er, daß sie lebt.
(Gesprächspause)
Christoph: Er hat nie gesagt, wir müssen aufpassen. Er hat auch nie gesagt: Ich will nicht, daß du infiziert wirst. Am Anfang, ja, da waren seine Worte: Ich hoffe, daß du es nicht hast.
Domian: Ist deine Haltung zu dieser Sache vollkommen klar – oder gibt es Widersprüche und Zweifel?
Christoph: Es gibt schon Zweifel.
*Domian: Ich möchte so gerne für das Leben sprechen. Ich möchte dir so gerne sagen, **dein Leben** ist maßlos wertvoll, halte es fest! Aber ich möchte nicht so vermessen sein, hier einen gezielten Ratschlag zu geben. Nur, Christoph, du bist noch so jung. Und ich*

glaube, wenn du dich für das Leben entscheidest, ist das keine Entscheidung gegen die Liebe zu deinem Freund.
(Gesprächspause)
Christoph: Ja. Aber ich habe nicht viele Höhepunkte in meinem Leben gehabt. Es gab auch nicht viel Liebe von meinen Eltern.
Domian: Du hast aber die Chance, daß du noch sehr, sehr viele Höhepunkte in deinem Leben erleben kannst.
Christoph: Die Liebe zu meinem Freund aber ist so groß. Ich empfinde so viel Zuwendung und Geborgenheit. Wobei ich schon zugeben muß, daß ich an unseren Sex mit gemischten Gefühlen gehe.
Domian: Erkläre diese Gefühle mal genauer.
Christoph: Auf eine Art möchte ich leben. Noch viel erleben. Die Welt anschauen, beruflich Erfolg haben usw. Dann wieder ist mir das alles egal . . .
Vielleicht weiß ich aber gar nicht, wieviel das Leben wert ist.
Domian: Vielleicht kannst du deinem Freund am meisten nutzen, wenn du gesund bist.
(Gesprächspause)
Christoph: Ja.
(Gesprächspause)
Domian: Ich sage dir jetzt ganz klar meine Meinung. Ich wünsche mir von Herzen, daß du auf Safer Sex umsteigst.

Einen Tag später habe ich noch mal mit Christoph telefoniert, quasi privat. Nach der Sendung und vor dem Einschlafen war mir der Fall immer wieder durch den Kopf gegangen. Wie konnte sich der Freund von Christoph so verantwortungslos verhalten? Und bei allem Verständnis für jegliche Liebesromantik – so weit darf es nicht kommen.
Ich hatte im nachhinein den Eindruck, daß ich zu vorsichtig an die Sache herangegangen war. Genau das sagte ich Christoph dann am nächsten Tag, kritisierte scharf seinen Freund, und wir sprachen ausführlich über Safer Sex. Er schien bei diesem Telefonat wesentlich ambivalenter als in der Nacht zuvor. Und ich hoffe sehr, daß ich mit meinen Argumenten etwas bewirkt habe.

Fans

Mein jüngster Gesprächspartner bisher war elf Jahre alt, mein ältester 86 Jahre. DOMIAN scheint ein sehr breitgefächertes Publikum zu erreichen. Quer durch alle Alters- und Gesellschaftsschichten. Wobei ich mich schon oftmals wundere, daß der Elfjährige beim 80jährigen nicht abgähnt und daß die ältere Generation Spaß und Interesse an den Themen der jungen Leute hat.
Im Juni 1996 rief bei uns Brunhilde (76) an und erklärte, was sie am Talk-Radio so mag und reizt:

Brunhilde: Heute habe ich einen Glückstag! Ich versuche schon seit 14 Monaten dich anzurufen!
Na ja, was ich dir erzählen will: Hier unten im Haus bei mir wohnt die Vermieterin, die ist 89 Jahre alt, die hat mich voriges Jahr auf deine Sendung aufmerksam gemacht. Und seitdem gucken wir das jeden Abend, und vormittags dann setzen wir uns zusammen und unterhalten uns über die Themen und Fälle, die da vorkommen bei dir.
Domian: Das ist ja schön.
Brundhilde: Ja. Und wir haben beide festgestellt, daß deine Sendung viel dazu beigetragen hat, uns aufzuklären. Ich meine das in puncto Sex – und was so alles dazu gehört.
Domian: Jetzt bin ich ja von den Socken. Ihr habt hier Dinge gehört, die euch bisher fremd waren?
Brunhilde: Genauso ist es. Und das eine ganze Menge. Wir haben oft schon ganz schön gestaunt.
Domian: Ein Beispiel, Brunhilde!
(Gesprächspause)
Brunhilde: Ja, wie soll ich das denn sagen?
(Gesprächspause)
Na ja, ich weiß nicht, wie man das ausdrückt.
Domian: Sag's doch einfach so.
Brunhilde: Wo die Männer sich da selbst mit dem Mund befriedigen.
Domian: Autofellatio.
Brunhilde: Ja, ja. Davon haben wir vorher nichts gewußt. Und dann hast du auch mal in deiner Sendung eine Frau gehabt, die vergewaltigt wurde. Und die hat sich darüber gar nicht groß aufge-

regt. Und da waren wir beide, also hier die Vermieterin und ich, der Meinung, daß die das nicht anders will, die hat das vielleicht sogar gern.

Domian: Ja, das war ein seltsamer Fall. Wir bieten euch also immer guten Gesprächsstoff.

Brunhilde: Ja, auch was Politik angeht, da erfährt man so manches bei dir. Aber es sind ja so alle Themen.

Domian: Du bist nun eine ganz andere Generation als viele Leute, die hier anrufen und mitmachen. Und wir reden hier ja nun wirklich sehr offen, eben auch was Sex angeht. Ist es dir manchmal nicht doch ein bißchen peinlich?

Brunhilde: Jetzt gar nicht mehr. Die erste Zeit ja. Aber jetzt sprechen wir beide auch ganz offen über all das. Was früher nicht der Fall war.

Domian: Das freut mich. Wie heißt die Vermieterin eigentlich?

Brunhilde: Das ist die Lore. Und die sitzt unten und guckt. Die stellt sich ja extra wegen dir den Wecker. Zur Zeit wird sie von ihrer Tochter betreut. Und die Lore stellt sich den Wecker auf dreiviertel eins, und wenn die Sendung vorbei ist, dreht sie den Wecker wieder zurück, damit die Tochter nicht erfährt, daß sie dich guckt.

Domian: Dann grüße ich jetzt auch ganz herzlich die Lore. Und ich wünsche euch beiden noch viel guten Gesprächsstoff aus unserer Sendung. Und natürlich alles Gute und Gesundheit.

Brunhilde: Vielen Dank, Jürgen. Dann auf Wiederhören.

Übersinnliches

Auch die vielzitierten Dinge zwischen Himmel und Erde, von denen wir keine Vorstellung haben oder für die wir keine Erklärung finden, kommen bei DOMIAN zur Sprache. So zum Beispiel Fritz (32):

Fritz: Damals ist meine Oma ins Krankenhaus gekommen. Sie war schwer krank, lag eigentlich im Sterben. Zu diesem Zeitpunkt hatte ich Geburtstag und wollte ihn auch feiern, weil es so geplant war und ich schon meine Freunde eingeladen hatte. Das Fest, das kleine Fest sollte in einem Wochenendhaus in der Eifel stattfinden. Und ich hatte mir überlegt, es auch zu machen, selbst wenn meiner Oma was passieren würde.

Na ja, der Tag kam, wir hatten alle irgendwie ein schlechtes Gewissen und sind dann aber doch, wie vorgesehen, in dieses Haus gefahren. Meine Oma lag, so sagten wir uns, ja nicht ganz akut im Sterben. Im Haus angekommen, versuchten wir dann ein bißchen zu feiern.

An diesem Abend dann ist etwas äußerst Eigenartiges passiert, das ich bis heute nicht vergessen kann, wahrscheinlich nie vergessen werde: Wir hatten etwas getrunken, aber nicht viel, nur so zum Anstoßen. Die richtige Stimmung jedoch wollte nicht aufkommen. Weil wir dann auch angefangen haben, über meine Oma zu sprechen. Wir standen alle in der Mitte des Raumes und redeten. Und dann geschah etwas vollkommen Unheimliches: Auf dem Kühlschrank, etwa zwei Meter von uns entfernt stand eine Blumenvase. Die Vase erhob sich, begann zu schweben und bewegte sich waagerecht auf uns zu, meinem Freund über die Schulter hinweg, zwischen uns durch, über meine Schulter, und hinter mir ist sie zu Boden gefallen und zerbrochen.

Kannst du dir das vorstellen?

Domian: Ehrlich gesagt: Nein!

Fritz: Aber genauso hat es sich abgespielt. Wir waren überhaupt nicht betrunken. Und vier Leute haben es gesehen.

Domian: Wenn das wirklich so passiert ist, dann müßt ihr alle währenddessen und danach mehr als geschockt gewesen sein!?

Fritz: Das waren wir auch. Zumal ich ein sehr rationaler Mensch bin und solchen Geschichten immer äußerst skeptisch gegenübergestanden habe.

Wir haben alle nichts gesagt und uns erst einmal nur angeschaut. Dann die zerbrochene Vase angeschaut. Und nach einer Weile fingen wir an zu reden. Und haben den ganzen Abend nur noch darüber gesprochen. Angst hatten wir natürlich auch. Noch in der Nacht sind wir wieder nach Hause gefahren. Wir wollten nicht in dem Haus bleiben.

Domian: Brachtet ihr diesen Vorfall in Zusammenhang mit der schwerkranken Oma?

Fritz: Ja natürlich. Und meine Oma ist dann auch in dieser Nacht gestorben. Als das mit der Vase geschah, lebte sie aber noch.

Domian: Ich kenne solche Geschichten aus meiner Familie. Mein Vater und einige Tanten haben mir schon oft so etwas erzählt. Früher habe ich das immer abgetan. Und sicher gibt es sehr viele Vorkommnisse dieser Art, die man, bei genauerer Untersuchung, erklären kann. Im ganzen denke ich aber inzwischen, daß es durchaus Vorkommnisse gibt, die einfach nach üblichen Erklärungsmustern nicht zu fassen sind. Das könnte in deinem Fall ja auch zutreffen. Beeindruckend an deiner Geschichte ist, daß es so viele Zeugen gibt.
Hast du übrigens ein schlechtes Gewissen, daß du in die Eifel zum Feiern gefahren bist?
Fritz: Auf jeden Fall. Ich habe es als Zeichen gesehen. Vielleicht war es die Enttäuschung meiner Oma, daß ich sie in dieser für sie so schweren Stunde alleine gelassen habe.
Domian: Hattest du ein enges Verhältnis zu deiner Oma?
Fritz: Ja, eigentlich schon.
Domian: Hat sich dein grundsätzliches Denken über solche Dinge durch deine Erfahrung verändert?
Fritz: Auf jeden Fall. Es muß irgendwie, irgendwo eine höhere Macht geben. Und ich denke immer wieder darüber nach, wie ich das wieder gutmachen könnte. Es tut mir so leid, daß ich nicht bei ihr war.

Von einem anderen nicht erklärbaren Phänomen erzählte mir die 40jährige Daniela.

Daniela: Ich habe oft Träume von Unglücksfällen, die dann wirklich eintreffen.
Domian: Kannst du mal ein Beispiel nennen?
Daniela: Vor ein paar Jahren habe ich geträumt, daß eine männliche Person auf einer Couch sitzt, sich an die Brust greift und ein schmerzverzerrtes Gesicht hat. Diese Person ist dann aufgestanden und zu Boden gestürzt. Der Kragen war blutig. Und der Mann ist nach einer kurzen Zeit gestorben. Dann kam meine Mutter in das Zimmer, sah den Mann, stellte fest, daß er tot war, und zog ihm die Schuhe aus. Soweit der Traum.
Einige Tage später hat dann meine Mutter angerufen und mir erzählt, daß mein Onkel gestorben ist. Und sie hat mir haargenau alles so erzählt, wie ich es geträumt hatte. Sie hatte ihn gefunden

und ihm die Schuhe ausgezogen. Sein Kragen war blutverschmiert, und er lag auf dem Boden.

Domian: Hast du deine Mutter nach den Einzelheiten gefragt?

Daniela: Nein, ich habe sie erzählen lassen. Ich bat sie alles ganz genau zu schildern. Zuerst sagte sie nur: „Der Onkel ist tot, es war das Herz." Mir kam bei dem Stichwort „Herz" sofort mein Traum in Erinnerung. Na ja, und dann berichtete sie. Und alles stimmte mit dem Traum überein. Auch zum Beispiel die Kleinigkeit, das habe ich gerade gar nicht erzählt, daß die Tischdecke auf dem Boden lag. Der Mann in meinem Traum hatte sich vor Schmerzen am Tisch festhalten wollen und riß somit das Tischtuch zu Boden.

Domian: Kannst du noch ein Beispiel nennen?

Daniela: Ich habe im Traum ein brennendes Haus gesehen – und verbrennende Kinder. Und im Traum habe ich gedacht: „Mein Gott, warum träumst du nur so was?" Ich habe die Szene so real geträumt. Ich habe noch heute die Gerüche in meinem Kopf. Auch den Geruch von dem brennenden Fleisch. Ich wollte etwas tun, im Traum, aber ich war völlig machtlos. Ich mußte alles mit ansehen. Dann war der Traum zu Ende.

Wieder ein paar Tage später habe ich dann erfahren, daß zwei Kinder von einer befreundeten Familie in ihrem Haus verbrannt sind. Und wieder stimmten viele Details aus der Realität überein mit meinem Traum. Das ist schrecklich.

Domian: Sind es immer nur negative Dinge, die du vorweg träumst?

Daniela: Ja. Und deshalb habe ich häufig große Angst am Abend, wenn ich im Bett liege, vor dem Einschlafen. Es ist ein so furchtbares Gefühl, wenn ein solcher Traum dann Wirklichkeit wird.

Domian: Seit wann hast du diese Träume?

Daniela: Ach, beim ersten Mal, da war ich ein junges Mädchen. Damals habe ich vom Tod eines unkonkreten Bekannten geträumt, diesen Traum aber nicht sonderlich ernstgenommen. Er kam mir erst wieder ganz klar in den Sinn, als kurz darauf ein Bekannter wirklich gestorben ist. Ab diesem Zeitpunkt begann ich, mich genauer zu beobachten, meine Träume quasi im Auge zu behalten.

Domian: Wie oft träumst du solche Sachen?

Daniela: Manchmal gibt es über Monate keinen einzigen Traum dieser Art, aber dann ist plötzlich wieder einer da. Dabei handelt es sich nicht ausschließlich um Todesträume, sondern ich sehe im

Traum Krankheiten, kleine oder schlimme Unfälle, auch schwere Konflikte voraus.
Domian: Wie siehst du selbst dieses Phänomen?
Daniela: Als einen Fluch. Weil ich nichts tun kann. Ich kann ja nie warnen, weil ich nie genau weiß, wen es trifft. Und wenn ich dann die Bestätigung erfahre, fühle ich mich mies und dreckig.
Domian: Mies und dreckig?
Daniela: Ja, schuldig.
Domian: Mit wem redest du über die Sache?
Daniela: Hauptsächlich mit meinem Mann.
Domian: Bist du religiös?
Daniela: Ich bin Katholikin.
Domian: Hast du wegen dieser Sache schon mit deinem Pfarrer gesprochen?
Daniela: Ich halte nicht viel von der Kirche.
Domian: Es wäre vielleicht gut, wenn du, ich sag' mal, einen kompetenten Gesprächspartner finden würdest, zum Beispiel einen renommierten Parapsychologen. In Freiburg gibt es an der Universität ein Institut, das sich mit solchen Vorfällen beschäftigt.
Daniela: Ja, das wäre unter Umständen eine Idee. Ich möchte gerne lernen, damit umzugehen. Wenn das überhaupt geht.

Analphabet

Ich kann mich noch sehr gut daran erinnern, wie sehr es mich als Vorschulkind gewurmt hat, nicht lesen und schreiben zu können. Da gab es eine geheimnisvolle Welt, die mir völlig verschlossen war. Die Erwachsenen schauten auf diese seltsamen Zeichen – und lachten zum Beispiel. Oder sie wußten plötzlich den Preis eines Spielzeugs. Oder sie erhielten Briefe und hatten sich dann etwas zu erzählen.
Ich stand daneben und fühlte mich ausgeschlossen. Immerhin aber hatte ich die Hoffnung, von der Schule in diese Mysterien eingeführt zu werden.
Wie aber fühlt sich wohl ein Mensch, der **nie** lesen und schreiben gelernt hat und **immer** mit diesem Manko leben muß wie zum Beispiel Gerhard (67)?

Gerhard: Ich möchte einen Hilferuf sagen. Im Namen aller, die nicht lesen und schreiben können.
Domian: Bist du Analphabet?
Gerhard: Ja. Und wir haben es oft so schwer. Ich war 31 Jahre verheiratet mit einer sehr lieben Frau, die ist vor drei Jahren gestorben. Und all die Jahre hat niemand mitbekommen, daß ich nicht lesen und schreiben kann, weil sie so clever war. Ich habe mich bei ihr so wohl gefühlt.
Domian: Gerhard, was hast du beruflich gemacht?
Gerhard: Ich war Bergmann.
Domian: Und du hast es in all den Jahren auch in deinem Beruf verheimlichen können?
Gerhard: Ja. Es ist niemandem aufgefallen. Außer ein paar Leuten, die das nicht an die große Glocke gehängt haben. Und in meiner Umgebung hat das auch heute noch niemand mitbekommen.
Domian: Hast du Kinder?
Gerhard: Nein.
Domian: Ist das Leben nicht sehr viel schwieriger geworden für dich, nachdem deine Frau gestorben ist?
Gerhard: Oh, ja! Es ist für mich eine Welt zusammengebrochen.
Domian: Was ist das größte Problem?
Gerhard: Ich habe immer treu und brav meine Arbeit gemacht, niemand hat mir etwas Schlechtes nachgesagt. Na ja, und jetzt kriege ich so wenig Rente. Es kommen immer Schreiben. Aber die kann ich ja nicht lesen.
Oder ein anderes Beispiel: Früher kriegten wir jede Woche eine Zeitschrift. Die wollte ich abbestellen. Da hat der Vertreter gesagt: „Kein Problem", ich mußte etwas unterschreiben, das kann ich ja. Und wie sich dann herausgestellt hat, habe ich einen neuen Jahresauftrag unterschrieben. Ich wußte ja nicht, was da stand. Es sind so die alltäglichen Sachen.
Domian: Stehst du denn ganz alleine da?
Gerhard: Ein Mann hat mir schon mal so ein bißchen geholfen, aber der ist nun weggezogen. Jetzt muß ich mir jemand anderen suchen. Aber weißt du, Jürgen, das ist mir so peinlich. Hier in der Nachbarschaft habe ich ein hohes Ansehen, und das möchte ich mir nicht versauen.
Domian: Wie kommt das überhaupt, daß du nicht lesen und schreiben kannst?

Gerhard: Ich bin als Russe in Deutschland geboren. Wir sind später Deutsche geworden. Ich bin auf einem Schiff großgeworden. Und als dann das Gesetz kam, daß wir alle in die Schule gehen sollten, auch wir, die Kinder von dem wandernden und fahrenden Volk, da wurden die Schulen zu Lazaretten erklärt und die Schule fiel sofort wieder aus.
Das war zwei Jahre lang. Und damit die Grausamkeiten von den anderen Kindern aufhörten, die haben mich ja immer gehänselt als Russen, ich war verstoßen, damals habe ich gelernt Abstand von den Menschen zu nehmen, also damit diese Grausamkeiten beendet wurden, habe ich mich freiwillig zum Wehrertüchtigungslager gemeldet. Da wurde ich erstmals als Mensch anerkannt. Ja, und in diesem ganzen Hin und Her habe ich nicht lesen und schreiben gelernt. Dann war der Krieg zu Ende, und wir hatten andere Sorgen. Man mußte ja arbeiten. Es waren harte Zeiten. Dann habe ich später meine Frau kennengelernt. Bis dahin habe ich mich immer durchgemogelt. Irgendeine Ausrede fiel mir immer ein, wenn's ums Schreiben und Lesen ging. Mal hatte ich mir die Hand verletzt, mal waren es die Augen oder ich habe so zum Scherz gesagt: „Vorlesen? Ich kann doch gar nicht lesen", dann haben alle gelacht, und ich war aus dem Schneider.
Domian: War es dir nicht peinlich, es deiner Frau, deiner jungen Frau damals zu beichten?
Gerhard: Das war so. Meine liebe Frau war schwerbehindert. Und sie war so froh, daß sie jemanden gefunden hatte, der ihr hilft und zur Seite steht. Wir haben uns gegenseitig geholfen. Ich habe mich nur ganz kurz am Anfang vor ihr geschämt. Später nicht mehr. Ja – aber jetzt ist sie nicht mehr.
Domian: Für jüngere Leute in deiner Lage bieten die Volkshochschulen Kurse. Es gibt sehr viele Analphabeten. Natürlich können dort auch ältere Leute hingehen. Aber ich glaube, für dich ist das vielleicht nicht die richtige Lösung.
Gerhard: Nein, nein. Es ist ja auch nicht nur das Schreiben und Lesen. Ich habe mich ja all die Jahre um nichts gekümmert. So Sachen vom Amt, von der Sparkasse. Manchmal ist mir der Strick ganz nahe.
Man fühlt sich so hilflos. Daß ich keinen Straßennamen lesen kann, ist ja nicht so schlimm, ich merke mir zur Orientierung immer die Häuser oder Geschäfte, aber mit der Rente jetzt zum Beispiel ... oder da ist jetzt was von der Wohnungsgesellschaft

gekommen, das erkenne ich an so einem Zeichen. Wer weiß, was die wollen. Manchmal habe ich auch Angst um meine Wohnung.
Domian: Du brauchst dringend einen Helfer. Wende dich doch mal an eine karitative Einrichtung oder an die Kirche.
Gerhard: Ja. Aber ich wollte anrufen bei dir, nicht weil ich um Hilfe betteln wollte, sondern ich will den Menschen sagen, daß sie Leute wie mich nicht verachten oder ausstoßen sollen. Oder benachteiligen. Oder gar betrügen.
Deshalb wollte ich hier sprechen. Wir sind ja keine Dummköpfe.

Wir bekamen als Reaktion auf dieses Gespräch einige Briefe, in denen Zuhörer ihre Hilfe anboten. Ein paar klangen äußerst engagiert und die jeweiligen Absender wohnten sogar in Gerhards Nähe. Also haben wir den Kontakt hergestellt.
Leider übersteigt es unsere Kapazitäten, solche Fälle dann noch weiter zu verfolgen. Ich hoffe nur sehr, daß sich unter den Schreibern jemand befand, der Gerhard beim Organisieren seines Lebens ein wenig geholfen hat und vielleicht noch hilft.

Telefon-Sex

Das Thema Telefon-Sex ist harmlos, macht Spaß und kann ausgesprochen unterhaltsam sein. So dachte ich, bis ich im Oktober 1995 Biggi (25) an der Strippe hatte.

Biggi: Also, ich betreibe Telefon-Sex, und mittlerweile glaube ich, daß ich aus recht normalen Männern Perverse mache.
Domian: Mal der Reihe nach. Du bist professionelle Telefon-Sexerin?
Biggi: Ja, seit drei Jahren. Ich arbeite in einer Agentur.
Domian: Und da sitzt ihr alle in einem Raum und arbeitet?
Biggi: Das ist unterschiedlich. Morgens ist meistens nur ein Mädchen da, am Nachmittag zwei und nachts drei. In der Regel sind wir in einem Raum. Je nach Gespräch aber verlasse ich auch schon mal den Raum. Wenn ich zum Beispiel sehr dominant sein soll, dann gehe ich raus. Weil das sonst zu laut wäre. Ich muß ja

schreien dabei. Manche Anrufer aber macht es geradezu an, wenn sie im Hintergrund noch andere Frauen hören.
Domian: Nun sagtest du gerade, du machst aus normalen Menschen perverse Menschen. Wie meinst du das?
Biggi: Zuerst muß ich sagen, daß ich festgestellt habe: Die Leute werden generell immer perverser. Auch schon die ganz Jungen. Und ich in meinem Job, so glaube ich, fördere diese Entwicklung auch noch. Ich heize den Leuten ein, mit den oftmals widerlichsten Vorstellungen, anscheißen zum Beispiel, schlimme SM-Praktiken usw.
Es gibt Grenzen, an die ich gestoßen bin. Ich spiele zum Beispiel am Telefon eine Frau, die beinahe bestialisch, mit Stacheldraht und Werkzeugen, gequält wird, nur um den Typ aufzugeilen. Meine Überlegung ist: Vielleicht führe ich diese Leute näher an solche Praktiken heran. Irgendwann ist das für die fast normal, durch den Telefon-Sex, die Telefongespräche, und sie machen das dann wirklich. Oder oft müssen wir kleine Mädchen spielen, Kinder. Das ist doch ekelhaft. Dann sitzt der Kunde an der anderen Leitung, ich erzähle ihm, er soll sich vorstellen, wie er mein kleines Möschen leckt, und er stöhnt und wichst dabei. Wenn er das zehnmal gemacht hat, ist er so scharf darauf, daß er sich unter Umständen wirklich an Kindern vergreift.
Domian: Was denken denn deine Kolleginnen?
Biggi: Ach, die sagen, das ist unser Job, es ist nur Phantasie. Und solange die sich bei uns abreagieren, tun sie niemandem etwas. Außerdem verdienen wir ja auch unser Geld mit denen. Und diese Leute sind oft Stammkunden.
Domian: Du bist die einzige, die sich darüber Gedanken macht?
Biggi: Ja. Auch meine Chefin läßt sich da gar nicht auf Diskussionen ein. Sogar nicht bei folgendem Fall: Es ging um Kindersex. In der Phantasie trieben wir zusammen, der Anrufer und ich, diverse Sex-Spielchen mit einem Kind. Dann sagte er zu mir, ich solle in die Küche gehen und ein Messer holen. Dann gab er mir den Befehl: „Schneid dem Kind den Bauch auf." Und er hat das Herz des Kindes gegessen, anschließend sogar noch mal Sex gehabt mit dem leblosen Körper. Alles „nur" in der Vorstellung, ja. Aber ich habe alles mitgemacht und meine Rolle in dieser Phantasie gespielt. Verstehst du jetzt, was ich meine. Ich trainiere solche Leute quasi.

Domian: Ich kann es sehr gut verstehen. Nur, warum hörst du mit dem Job nicht auf?
  Biggi: Ich höre nicht auf, sondern werde es anders machen. Ich habe vor, im nächsten Jahr eine eigene Agentur zu eröffnen. Und dort werde ich meinen Mädchen ganz klar die Anweisung geben, auch wenn wir weniger verdienen, mit solchen Typen nicht! Und ich werde auch mit Fangschaltungen arbeiten, für den Fall, daß wir doch so jemanden in der Leitung haben.
  Domian: Dann wünsche ich dir viel Erfolg – und daß du das, was du dir vorgenommen hast, auch durchziehst.

Prostitution

Es gibt für mich interessante und weniger interessante Talk-Gäste am Telefon. Ich versuche alle gleichermaßen ernst zu nehmen, soweit ihr Anliegen ernst ist. Und dann tauchen noch, Gott sei Dank in schöner Regelmäßigkeit, die extrem interessanten Gesprächspartner auf, mit denen die Zeit wie im Fluge vergeht. Die mir Einblicke in bisher nicht gekannte Welten verschaffen. Und deren Auftritt im Talk-Radio schon so manch ein Klischee erledigt hat. Eine der besonders interessanten Gesprächspartnerinnen war Joy (39).

  Joy: Ich bin eine Hure. Und ich habe schon sehr früh angefangen, so mit 16 Jahren.
  Domian: Wie bist du in diese Szene gekommen?
  Joy: Durch meine Mutter. Sie war auch eine Hure. Und sie hat die Freier oft mit nach Hause gebracht. So konnte ich mich der Sache gar nicht entziehen. Das mache ich ihr auch zum Vorwurf.
  Domian: Hast du mit deiner Mutter alleine gelebt?
  Joy: Nein. Aber mein Vater war in der Musikbranche und war sehr viel unterwegs. Er hat es anfangs auch gar nicht gewußt. Später hat er es hingenommen und ist sogar in den Keller ausgewichen, wo wir extra eine Couch aufgestellt hatten, für den Fall, daß er nach Hause kam und meine Mutter nicht alleine war.
  Domian: Hat deine Mutter dir von ihrem Gewerbe erzählt?

Joy: Nein. Mit acht aber habe ich durchs Schlüsselloch geguckt und habe es kapiert.
Domian: War das für dich schlimm?
Joy: Nein, nicht direkt. Ich war neugierig. Aber ich hatte auch Angst. Angst um meine Mutter. Ich weiß noch, es gab eine Phase, da habe ich vorsichtshalber alle Autonummern aufgeschrieben von den Autos, deren Fahrer bei meiner Mutter waren. Ich dachte damals: „Wenn jemand meine Mutti umbringt, dann weiß ich die Autonummer."
Domian: Wußten es deine Freunde und Mitschüler auch?
Joy: Es sickerte so im Laufe der Jahre durch.
Domian: Bist du gehänselt worden?
Joy: Gehänselt eigentlich nicht. Aber ich bin ausgeschlossen worden. Das hatte zur Folge, daß meine Leistungen in der Schule immer weiter absackten. Hinzu kam, daß meine Mutter mich sehr viel geprügelt hat. So war meine Jugend nicht sonderlich schön.
Domian: Wie kam es dann schließlich, daß du ins Hurengewerbe eingestiegen bist?
Joy: Meine Mutter sagte irgendwann: „Du machst es doch sowieso, dann kannst du es auch für Geld machen." Und dann hat mich irgendeiner von ihren damaligen Freunden erspäht – und ich habe es gemacht. Das ist schon erstaunlich, für mich so im nachhinein, daß ich das einfach so mitgemacht habe.
Domian: Wirfst du ihr das alles vor?
Joy: Ich werfe ihr nicht vor, daß sie dieses Gewerbe betrieben hat. Aber ich werfe ihr vor, daß sie ihr Leben und ihren Beruf nicht getrennt hat. Ich trenne es ja auch. Ich bin auch Mutter. Habe übrigens, Gott sei Dank, keinen Jungen bekommen. Vielleicht reicht die Macht der Psyche so weit, das selbst zu beeinflussen.
Domian: Warum wolltest du keinen Jungen?
Joy: Weißt du, seit meinem 15./16. Lebensjahr habe ich dieses Geschlechtsteil im Hinterkopf. Ich wollte es an meinem Kind nicht ständig vor Augen haben.
Als ich angefangen habe, war ja mehr Zwang dabei als sonstwas. Auf keinen Fall Leidenschaft. Meine Mutter hat mich ja oft zur Arbeit geprügelt. Andererseits war ich natürlich auch froh und stolz auf das Geld. Ich konnte mir viele schöne Kleider kaufen.
Als ich dann wußte, daß ich schwanger bin . . .
Domian: Von wem bist du schwanger geworden?

Joy: Von einem ganz soliden, lieben Mann aus sehr guten Kreisen. Aber er konnte mein Leben nicht verkraften, hatte auch Angst vor seinem Umfeld und seinen Freunden. Ich habe den Fehler gemacht, zu sagen: „Ich möchte deine Eltern nicht anlügen, ich muß die Karten auf den Tisch legen." Und das war oder wäre für ihn sehr dramatisch gewesen. Also haben wir uns getrennt.
Domian: War er ein Kunde von dir?
Joy: Nein! Nein! Ich habe ihn beim Tennis kennengelernt. Nach 14 Tagen habe ich ihm alles von mir erzählt. Was sehr furchtbar für ihn war. Aber er hing sehr an mir. Und so haben wir es miteinander versucht.
Domian: Hast du diesen Mann geliebt?
Joy: Ich liebe ihn immer noch.
Domian: Aber ihr habt keinen Kontakt mehr?
Joy: Nein. Aber er unterstützt uns sehr gut.
Domian: Wie alt ist deine Tochter?
Joy: Sieben Jahre. Und sie ist ein wunderbares und ganz liebes Mädchen. Und ich bin auch seit sechs Jahren nicht mehr in meinem Job.
Domian: Warum?
Joy: Es ging nicht mehr damals. Wegen des Kindes. Ich hatte mir das so einfach vorgestellt. Aber es funktionierte nicht. Ein Jahr habe ich es gemacht. Da merkte ich, daß ich beide Leben nicht auseinanderhalten konnte.
Domian: Hattest du nach deinem Ausstieg finanzielle Probleme?
Joy: Ja, das war schon ein herber Einbruch. Aber ich hatte gute Rücklagen.
Domian: Was hast du als Hure so im Durchschnitt pro Monat verdient?
Joy: Ist schwer zu sagen. Es gab Tage, an denen ich 500 bis 1000 DM verdient habe. Das war aber nicht regelmäßig so. Durststrecken kamen immer wieder vor. Aber im ganzen war es schon sehr viel Geld.
Domian: Als du raus warst, hast du dann irgend etwas anderes gearbeitet?
Joy: Ich habe von den Reserven gelebt und ein Studium absolviert.
Domian: Was hast du studiert?
Joy: Germanistik, Politik und Geschichte. Abgeschlossen. Na ja, und jetzt wirst du dich wundern. Ich möchte wieder in meinen alten Job.

Domian: Mit dem „Faust" unterm Arm zum Freier? Im Ernst – warum willst du das?
Joy: Es zieht mich in dieses Milieu. Es hatte auch tolle Seiten. Der Verdienst eben, aber ich habe in dieser Szene auch ganz tolle Frauen getroffen. Es gibt viele dumme Frauen, die dort arbeiten. Aber eben auch diese Ausnahmen. Solche Frauen habe ich sonst noch nie kennengelernt. Das Bordell ist für mich auch irgendwie Heimat.
Domian: Wie gelingt es dir, deine private Sexualität von der professionellen Sexualität zu trennen?
Joy: Ganz einfach. Es ist wie bei der Schauspielerei. Mein Hure-Sein ist eine Rolle. Wenn ich aus dem Bordell nach Hause kam, habe ich mich abgeschminkt, die Pumps in die Ecke geschmissen, und sofort war ich nicht mehr Joy, sondern ich.
Domian: Hast du bei deiner Arbeit Orgasmen gehabt?
Joy: Ich glaube, das ist mir anfänglich passiert. Da muß man ja erst einmal reinwachsen.
Domian: Es ist also ehrenrührig?
Joy: Ja, wenn die Kollegen das erfahren, dann ist das Geschrei groß. „Wie furchtbar! Wie unprofessionell!"
Domian: Warum gilt das als unprofessionell?
Joy: Weil man seinen Körper kontrollieren können muß.
Domian: Wobei so ein kleiner Orgasmus ab und zu die Arbeit doch sicher versüßt!?
Joy: Da hast du recht. Es kommt aber auf den Freier an.
Domian: Na klar. Hast du nach einem Arbeitstag überhaupt noch Lust gehabt auf privaten Sex?
Joy: So groß ist die Lust nicht gewesen. Und, obwohl ich nicht mehr arbeite, habe ich seit der Zeugung meiner Tochter keinen Sex mehr gehabt.
Domian: Seit sieben Jahren?
Joy: So ist es.
Domian: Vermißt du es?
Joy: Ich vermisse die Liebe.
Domian: Hast du deinem Kind schon von deiner Vergangenheit erzählt?
Joy: Nein.
Domian: Wann wirst du es machen?
Joy: Also, wenn ich jetzt wieder einsteige, werde ich erst einmal lügen. Als Vorbereitung für die Wahrheit dient meine Erziehung.

Ich vermittle ihr als ganz hohen Wert die Toleranz. Vielleicht versuche ich ihr es beizubringen, wenn sie 15 Jahre ist.

Domian: Würdest du es befürworten, wenn deine Tochter auch in dein Gewerbe ginge?

Joy: Nein. Ich habe so viel aufgebaut und habe ihr so viel Liebe gegeben, die ich nie bekommen habe. Sie hat nie, so wie ich, schlimmste Streitereien mitbekommen, sie kennt keine Vulgärgespräche – und sie kennt keine Gewalt. Ich möchte, daß das so bleibt. Ich möchte, daß sie ihr Leben führt. Weit ab von alledem.

Trotzdem, auch wenn sich das jetzt kritisch angehört hat, möchte ich zum Schluß noch sagen: Dieser Beruf, der Huren-Beruf, sollte von der Gesellschaft mehr anerkannt werden. Ich habe schon so viel Abweisung erfahren. Und ich möchte, daß sich das für mich und meine Kolleginnen ändert.

Domian: Liebe Joy, ich danke dir recht herzlich, daß du dich bei uns gemeldet hast. Dir und deiner Tochter alles Gute.

Fetischismus

Edith (45) war eine forsche und resolut wirkende Frau. Sie rief bei uns zum Thema „Fetischismus" an. Was sie erzählte, klang absonderlich, und ich mußte während des Gespräches einige Male herzhaft lachen. Besonders deshalb, weil sie alles äußerst salopp berichtete und ihr Schicksal wirklich auf die leichte Schulter zu nehmen schien.

Edith: Ich bin mit meinem Mann jetzt 18 Jahre verheiratet. Und er hat in den ersten Jahren ganz geschickt, ganz vorsichtig Interesse an Damenschuhen gezeigt. Ich habe das gar nicht groß registriert, auch nicht besonders ernstgenommen. Von Sex in all seinen Variationen wußte ich damals ohnehin fast nichts.

Domian: Wie sah sein Interesse an Damenschuhen konkret aus?

Edith: Na ja, er hat ab und zu welche von mir angezogen. Und er ließ die Schuhe auch während des Geschlechtsverkehrs an. Ich war so grün hinter den Ohren, daß ich gar nichts dabei fand.

Domian: Das war der Anfang. Wie sieht die Lage jetzt aus?

Edith: Ich lebe damit, aber es stört mich mehr und mehr. Unser Intimleben läuft zum Beispiel so ab: Er trägt beim Sex Damenschuhe und wünscht, daß auch ich meine Schuhe anbehalte. Dann verlangt er von mir, daß ich ihn mit meinen Schuhen regelrecht trete. Und besonders macht ihn an, wenn ich vor dem Bett auf irgend etwas Hartes trete. Das Knackgeräusch macht ihn ganz verrückt.
Domian: Was genau stört dich an dieser seiner Vorliebe.
Edith: Ich fange an, allmählich eifersüchtig zu werden. Er sieht nicht mehr mich, er sieht in mir einen Schuh.
Im übrigen befriedigt er sich mit den Schuhen ja auch selbst. Das weiß ich. Dann schleppt er mich mit zum Schuhekaufen. Er muß immer die gleichen wie ich haben. Mittlerweile haben wir einen ganzen Kellerraum voll Pumps. Es sind Hunderte. Alle gehören meinem Mann.
Was meinst du, was das auch kostet!?
Domian: Bist du sicher, daß dein Mann nicht schwul ist?
Edith: Nein, sicher bin ich nicht. Er sagt ganz kategorisch, er sei heterosexuell.
Domian: Lebt er seinen Trieb ausschließlich in eurer Ehe aus?
Edith: Wenn ich das wüßte. Samstags und sonntags fährt er oft nach Stuttgart. Das ist die nächste Großstadt hier. Was er da macht, weiß ich nicht.
Domian: Warum fragst du ihn nicht?
Edith: Er sagt, er fährt nur so dorthin.
Domian: Ja, ja, und das regelmäßig. Nur so.
Edith: Es ist alles völlig verrückt. Er will zum Beispiel, daß ich im Sommer immer mit ihm auf den Markt gehe. Und weißt du warum? Damit ich dort auf heruntergefallene Kirschen oder Pflaumen trete. Weil das eben so schön knackt.
Domian: Das könnte man sich für ein Filmdrehbuch nicht schräger ausdenken. Aber Scherz beiseite. Ist eure Ehe gefährdet?
Edith: Eigentlich nicht. Aber es nervt unglaublich. Es ist ja so, daß er fast immer, wenn er von der Arbeit kommt, Pumps, hochhackige Pumps anzieht, zur Entspannung, sagt er, und damit stolziert er dann durch die Wohnung.
Domian: Wie soll's weitergehen?
Edith: Ich weiß nicht. Erst einmal so wie bisher. Ich bin ja schon einiges gewöhnt.

Windelfetischist

Noch absonderlicher fand ich die Vorlieben von Robert (30), seines Zeichens „Windelfetischist".

Robert: Ich stehe auf Windelhosen und Gummihosen.
Domian: Dich stimuliert es also selbst, wenn du zum Beispiel eine Windel trägst.
Robert: Ja.
Domian: Warum ist das so?
Robert: Das kann ich nicht konkret beantworten. Es ist halt so. Mir gefällt es sehr gut. Und ich gehe dieser Neigung auch nach.
Domian: Wann hast du diese Neigung an dir entdeckt?
Robert: Als ich ungefähr 16 war.
Domian: Wie hast du das entdeckt?
Robert: Ich bin damals furchtbar geil geworden, als ich diese Dinger in einem Schaufenster liegen sah. Und habe dann auch allen Mut zusammengerafft und habe mir ein Höschen und eine Packung Windeln gekauft.
Domian: Wie war das genau? Was passierte, als du dann zu Hause warst?
Robert: Ich habe mich ganz nackt ausgezogen und die Windel angelegt. Das war ein gigantisch geiles Gefühl. Und dann habe ich mich befriedigt. Dabei habe ich die Windel angelassen. Ich habe quasi in die Windel onaniert, indem ich mich auf den Bauch gelegt habe. So mache ich das noch heute. Die Hand nehme ich selten. Der direkte Kontakt Windel/Penis, das ist es.
Domian: Wie oft machst du das so?
Robert: Alle zwei, drei Tage.
Domian: Magst du auch „normalen" Sex?
Robert: Den hatte ich bisher kaum. Überhaupt habe ich keinen Sex mit anderen. Die Neigung ist sehr stark – und Gleichgesinnte zu finden, fällt mir sehr schwer. Aber ich suche.
Domian: Du bist 30 Jahre alt und hattest auch noch nie eine etwas längere sexuelle Beziehung zu einem Menschen?
Robert: So ist es.
Domian: Vermißt du das?
Robert: Ja.

Domian: Müßte es unbedingt jemand sein, der genauso gestrickt ist wie du?
Robert: Müßte nicht unbedingt sein.
*Domian: Kannst du dir einen erfüllten Orgasmus **ohne** Windeln oder Gummi vorstellen?*
Robert: Ja, das kann ich.
Domian: Dann wundert es mich schon, daß du noch keine Beziehung hattest.
(Gesprächspause)
Wie erklärst du dir das?
Robert: Ich habe mich noch nicht intensiv bemüht. Zudem bin ich ein recht komplizierter Mensch, und sowohl ich als auch mein Partner müßte sehr viel Energie in so eine Beziehung pumpen, um sie am Leben zu erhalten.
Domian: Bist du homo- oder heterosexuell?
Robert: Eher schwul.
Domian: Könnte es sein, daß deine sexuelle Neigung, also die Windeln, dich in deine sexuelle Einsamkeit manövriert haben?
Robert: Vielleicht. Aber ich glaube es nicht.
Domian: Gibt es denn noch andere sexuelle Phantasien?
Robert: Eigentlich nicht.
Domian: Wie sehen denn deine Phantasien aus, wenn die Windeln angelegt sind?
Robert: Ich stelle mir oft vor, daß mir dann jemand noch in die Windeln pinkelt – oder auf die Windel. Das finde ich richtig toll.
Domian: Gibt es auch Vorstellungen, daß du denkst, du bist ein Säugling, der bemuttert, gewaschen, gecremt wird?
Robert: Nein, ich weiß, daß es das gibt. Aber bei mir ist es nicht so. Ich brauche auch nicht so viele Phantasien. Ich bin ganz und gar mit den Windeln und den Gummihöschen zufrieden.
Domian: Zelebrierst du diese Aktion so richtig?
Robert: Oh, ja. Und manchmal, wenn ich Zeit habe, kann es mehrere Stunden dauern. Ich liege einfach da in meinem Höschen, lege mich auf den Bauch, reibe so meinen Penis, lege mich wieder auf den Rücken, betrachte mich, fasse das Gummihöschen an usw. Das ist ganz herrlich.
Domian: Hast du ein großes Höschen-Repertoire?
Robert: Nein, so sehr viele sind es gar nicht.

An dieser Stelle wollte ich so langsam zum Ende des Interviews kommen. Da rückte Robert aber mit noch einer nicht so alltäglichen Vorliebe heraus:

Robert: Auch Zahnspangen finde ich äußerst geil.
Domian: Zahnspangen?
Robert: Ja, genau. Und ich suche Leute, denen es ebenso geht. Vielleicht könnten die sich ja bei euch melden.
Domian: Ja, wir reichen dann deine Telefonnummer weiter. Erzähl aber mal, was es mit der Zahnspange auf sich hat.
Robert: Ich nehme sie in den Mund. Und Zahnspange kombiniert mit Windeln, das ist das Größte.
Domian: Das ist ja völlig bizarr. Kannst du wahrscheinlich auch nicht näher erklären, warum das so ist!?
Robert: Nein. Es ist mir auch egal. Angefangen hat es mit meiner eigenen ersten Zahnspange. Die hat mich damals tierisch angemacht. Mehr kann ich dazu nicht sagen.
Ich mag es halt. Und so soll es auch bleiben.
Domian: Robert, in diesem Sinne. Tschau!

Leider hat sich bis heute kein weiterer Zahnspangen-Freund bei uns gemeldet. Ob Robert auf anderem Wege einen Gleichgesinnten gefunden hat, wissen wir nicht.

Schräge Vögel

Eine Themen-Nacht im Juni 1996 hieß „Schräge Vögel – Skurrile Typen". Solche Leute sollten bei uns anrufen. Angesprochen fühlten sich unter anderem Eberhard (34) und Sven (15).

Sven: Ich bin Punk. Und in meiner Umgebung stoße ich oft auf Widerstand. Und ich bin Punk, weil es Spaß macht, anders zu sein.
Domian: Beschreib dich erst mal.
Sven: Ich habe ein Iro, also rechts und links auf dem Kopf ist eine Glatze, und in der Mitte steht ein großer Haarstreifen.
Domian: Welche Farbe?

Sven: Grün, Rot und Gelb. Und alles ist verfilzt. Dann bin ich noch gepierct. Im Gesicht, Nase, Lippe, Augen. Na ja, und schwarze alte Klamotten. Ich falle schon auf.
Domian: Da bist du auch scharf drauf?
Sven: Ich find's toll zu zeigen, daß ich anders bin.
Domian: Warum willst du das zeigen?
Sven: Es gibt ja auch viel Spaß, die Leute mit meinem Aussehen zu verarschen.
Domian: Funktioniert das überhaupt noch? Ihr gehört doch mittlerweile zum normalen Straßenbild.
Sven: Ja, es funktioniert noch. Besonders hier auf dem Dorf, wo ich lebe.
Domian: Erklär doch mal, was das Punk-Lebengefühl, über die Kleidung hinaus und den Spaß am Provozieren, so ausmacht.
Sven: Na ja, ich bin unpolitisch und unbürgerlich. Politik geht mir am Arsch vorbei. Ich bin Anarchist.
Domian: Dir ist also alles egal. Du bist für nichts und gegen nichts, ich meine, du greifst selbst nicht ein.
Sven: Früher war ich mal aktiver Linker. Und ich bin gegen Nazis.
Domian: Das ist keine Kunst. Das sind wir alle.
Sven: Dann bin ich gegen Spießer.
Domian: Die dir doch wiederum gut gefallen, wenn sie dich anmachen.
Sven: Ja, schon. Aber auf blöde Sprüche stehe ich nicht.
Domian: Von was lebst du?
Sven: Ich hab' mal ein halbes Jahr auf der Straße gelebt.
Domian: Also ein Schnorrer. „Haste mal 'ne Mark?"
Sven: Genau!
Domian: Auf solche Leute stehe ich ja.
Sven: Macht aber Spaß. Und ich möchte auch nicht arbeiten gehen. Ich stehe dazu, ich bin ein Schmarotzer. Ich lebe jetzt übrigens wieder zu Hause, bei meinem Vater.
Domian: Was sagt der denn zu deiner Lebenseinstellung?
Sven: Am Anfang hat er mich abgelehnt. Jetzt hat er kapiert, daß er nichts dagegen tun kann. Er akzeptiert mich. Im Gegensatz zu den Jugendlichen hier im Dorf.
Domian: Was ist denn mit Schule?
Sven: Ist Gott sei Dank in ein paar Wochen vorbei. Und dann gehe ich wieder auf die Straße.

Domian: Hast du einen Abschluß?
Sven: Nein. Achte Klasse.
Domian: Hört sich ja alles sehr locker an...
Sven: Ein bißchen naiv, ne?
Domian: Na ja, als Phase ist das vielleicht o.k. Aber willst du ewig schnorren, ewig auf der Straße leben?
Sven: Ich will meinen Spaß haben. Und ich möchte nicht in zehn, 20 Jahren da enden, daß ich arbeiten gehe, ein normaler Spießer werden.
Domian: Es gibt ja als Lebensform nicht nur den Punker und den Normalo-Spießer. Und Spaß wollen wir alle haben. Nur den muß man ja auch finanzieren.
Sven: Ich fahr' zu den Chaos-Tagen nach Hannover. Das brauche ich nicht zu finanzieren. Da habe ich meinen Spaß.
Domian: Ja, und schlägst da die Scheiben ein. Von Geschäften, die sich vielleicht junge Leute gerade aufgebaut haben.
Sven: Ja, da muß man dann auch sagen, warum und weshalb.
Domian: Warum?
Sven: Wir wollen uns ja nur treffen. Und wenn dann eine Kleinigkeit passiert, geht der Terror von der Polizei los.
Domian: Ich glaube, es gäb' noch viel mehr Terror, wenn die Polizei nicht da wäre.
Sven: Glaub' ich nicht.
Domian: Sven, wenn wir uns auf der Straße mal sehen, mußt du damit rechnen, daß ich dir keine Mark gebe.
Sven: Is' ja auch o.k.
Domian: Mein Lieber. Ich hoffe, daß dein Leben nicht irgendwann den Bach runtergehen wird.
Sven: Nein, nein, ich hab' das schon im Griff. Nur auf Arbeiten hab' ich keinen Bock. Und dann wollte ich noch sagen, deine Sendung ist echt toll. Hau' rein!
Domian: Sagt ein Punker! Das ist ja Spitze! Tschau!

Eberhard: Ich empfinde mich eigentlich gar nicht so sehr als schräger Vogel, aber die Leute sagen es zu mir.
Domian: Wie bist du denn so drauf?
Eberhard: Ich betreibe ein paar Hobbys, die wohl ungewöhnlich sind. Ich besitze zum Beispiel Schaufensterpuppen, weil ich keine Familie habe, so wie ich es mir immer erträumt hatte. Die

Puppen sammel ich. Inzwischen gibt es neun Puppen. Alle haben einen Namen, Lisa, Gerry, Isabell usw. Und ich nehme sie, zumindest eine von ihnen, wenn ich unterwegs bin, auch mit. Ich setze sie im Auto neben mich und fahre los. Ziehe sie übrigens auch immer anders an.
Domian: Nimmst du sie auch mit zur Arbeit?
Eberhard: Ja, natürlich.
Domian: Was machst du?
Eberhard: Ich arbeite in einem Theater hinter der Bühne. Bin da Mädchen für alles. Und meine Kollegen nehmen das so hin. Ich würde sie auch mitnehmen, wenn ich einen anderen Beruf hätte.
Domian: In einer Bank gäbe es sicher gewisse Schwierigkeiten.
Eberhard: Da hast du recht.
Domian: Warum machst du das alles?
Eberhard: Ich glaube, es ist eine kleine Psychose. Eben weil ich keine große Familie habe. Dann macht es mir Freude, diese schönen Gesichter um mich zu haben und auch die Puppen immer wieder neu zu gestalten. Und vielleicht liegt es auch daran, daß ich beruflich nie das verwirklicht habe, was ich eigentlich wollte, mich nie aufgerafft habe. Also lenke ich mich damit ab.
Domian: Das sind für dich reale Personen?
Eberhard: Durchaus, ja. Ich rede ja auch mit allen. Frage sie zum Beispiel, ob sie gut geschlafen haben usw.
Domian: Liegt in deinem Bett auch eine?
Eberhard: Wenn ich manchmal hier jemanden ärgern möchte, dann mache ich das.
Domian: Find' ich alles schön skurril.
Eberhard: Meinst du?
Domian: Ja. Wer sitzt jetzt neben dir? Welche Puppe?
Eberhard: Das ist der Frank.
Domian: Solche Puppen sind doch teuer?
Eberhard: Ja. Eine ist jetzt mal geschätzt worden: 35 000 DM.
Domian: 35 000 DM?
Eberhard: Ja. Und eine andere habe ich neulich reparieren lassen, das hat mich 8 000 DM gekostet.
Domian: Ein teures Hobby. Was gibt es sonst noch für Hobbys?
Eberhard: Was soll ich erzählen? Bis Weihnachten zum Beispiel hatte ich einen Engel-Tick. Die ganze Wohnung bestand fast nur noch aus Engeln.
Domian: Was sagen deine Freunde dazu?

Eberhard: Die finden das in Ordnung. Und mein Partner, mein Freund, der ist das genaue Gegenteil von mir. Den erschlägt das alles manchmal. Aber wirkliche Probleme gibt es deshalb nicht.
Domian: Die Engelphase liegt hinter dir. Zeichnet sich etwas Neues ab?
Eberhard: Ja. Die Märchen-Phase. Ich möchte jedes Zimmer in meiner Wohnung nach einem Märchen gestalten. Das Schneewittchen-Zimmer, das Froschkönig-Zimmer usw. Ich selbst bin dann der Märchenprinz.
Domian: Ich wünsche dir gute kreative Zeiten!

Transsexualität

Kann man als „normaler" Mensch ermessen, was es bedeutet, das falsche Geschlecht zu haben? Ich glaube nicht.
Sooft ich auch schon mit transsexuellen Menschen gesprochen habe, letztlich bin ich außerstande, mir ihre Gefühle wirklich vorzustellen. Ich weiß aber, wie ernst es ihnen ist. Und welcher Leidensdruck auf ihnen lastet. Es gibt Schätzungen, nach denen in Deutschland etwa 25 000 bis 30 000 Frauen und Männer im falschen Körper leben. Und viele trauen sich jahrzehntelang nicht, über ihre Empfindungen und Probleme zu reden. Aus Angst vor Diskriminierung und Verachtung. Immer mehr jüngere Menschen mit einer Transidentität aber suchen die Öffentlichkeit. Was ihnen selbst sicher guttut – und zur Aufklärung und Information beiträgt. Ich sprach mit Jeannette (28).

Jeannette: Ich möchte über Transsexualität sprechen.
Domian: Bist du betroffen?
Jeannette: Ich habe vor zwei Jahren eine Geschlechtsangleichung vornehmen lassen.
Domian: Das heißt, du bist umoperiert worden, vom Mann zur Frau.
Jeannette: Ich mag das Wort „umoperieren" nicht. Aber so war es.

Domian: Die Operation ist ja das Ende eines sehr quälenden Prozesses. Erzähl doch mal von vorne. Wie alt warst du, als du zum ersten Mal gespürt hast, daß mit dir etwas anders ist?
Jeannette: Das war schon sehr früh. Ich war so sieben Jahre ungefähr, als ich beim Pinkeln bemerkte, daß ich mein Geschlechtsteil überhaupt nicht gerne anfassen mochte. Und ich habe die Mädchen beneidet, daß die sich immer dabei hinsetzen konnten. Seit diesem Zeitpunkt habe ich mich auch immer, wenn ich alleine war, auf das WC gesetzt. Ich fühlte mich auch schon sehr früh zu Mädchen hingezogen. Nicht im geschlechtlichen Sinne. Ich fand alles viel interessanter, was die machten und über was die so sprachen. Und schon als Kind habe ich mir im Kaufhaus Mädchensachen, also zum Anziehen, angeschaut. Für Autos oder Sport habe ich mich nie interessiert.
Domian: Bist du in der Schule nicht gehänselt worden, von den Jungs?
Jeannette: Es ging. Ich war ein Außenseiter. Ich hatte keine Freunde. Nur ein paar Freundinnen. Im allgemeinen haben sie mich in Ruhe gelassen. Nur einmal hat ein Junge gesagt: „Eh, du bist ja 'ne Tunte." Da war ich 14, aber ich wußte gar nicht, was eine Tunte ist.
Domian: Wie war es zu Hause?
Jeannette: Mein Vater hat mich früher oft geschlagen. Noch mit 13/14, besonders, wenn er besoffen war. „Mit dir kann man sich überhaupt nicht unterhalten, du Flasche", hat er oft gesagt. Der Mutter war alles ziemlich egal. Die hat auch getrunken.
Domian: Bist du das einzige Kind?
Jeannette: Nein, ich habe noch eine kleine Schwester.
Domian: Wann und durch was hast du genauer gemerkt, daß du nicht „normal" bist?
Jeannette: Ich habe immer heimlich Kleider von meiner Mutter angezogen. Als ich zum ersten Mal einen Unterrock anhatte und vor dem Spiegel stand, das war ein richtiges Glücksgefühl. Was mir aber auch Angst gemacht hat. Geschminkt habe ich mich auch. Manchmal nachts, wenn alle schliefen. Nachher aber habe ich mich immer elend gefühlt. Irgendwie war es falsch, so dachte ich, was ich da tue. Und so kamen Schuldgefühle.
Domian: Hast du mit irgend jemand darüber gesprochen?
Jeannette: Nein. Und je mehr diese Sachen in meinen Kopf kamen, desto verschlossener war ich auch.

Domian: Wie warst du in der Schule?
Jeannette: Nicht besonders.
Domian: Hast du damals gedacht, du wärst schwul?
Jeannette: Obwohl ich einige Jungs in unserer Klasse bewundert habe, war mir seltsamerweise ganz klar, daß ich nicht schwul war.
Domian: Das ist aber sehr schwer nachzuvollziehen. Hattest du denn keine sexuellen Phantasien mit Jungs?
Jeannette: Doch. Aber nur so, daß ich mir vorstellte, sie zu streicheln. Es war mir immer widerlich, so blieb es dann auch später, die Vorstellung, daß ein Mann meinen Penis berührt.
Domian: Du wolltest nicht als Junge einen Jungen erregen?
Jeannette: Ja, genau! Zumal ich damals von Jahr zu Jahr mehr Abneigung gegen mein Geschlechtsteil entwickelte. Ich habe es fast nie angeschaut. Selbst beim Waschen nie.
Domian: Das war sicher eine schlimme Zeit!?
Jeannette: Ja, ich wußte überhaupt nicht, was mit mir los war. Ich war oft sehr verzweifelt. Es gab nichts, worauf ich hätte hoffen können, mich freuen können. Aber dann habe ich in einer Zeitschrift von der Möglichkeit der Geschlechtsangleichung gelesen – und war wie elektrisiert. Da habe ich auch erstmals das Wort „transsexuell" gelesen.
Domian: Kannst du sagen, was damals und auch später deine weibliche Identität ausgemacht hat? Abgesehen vom Sexuellen.
Jeannette: Mein ganzes Denken. Ich war ein Mädchen. Ich hab' mich nur für Sachen interessiert, die Mädchen interessieren. Kosmetik, Mode, Diäten, auch Kochen, Haare und so. Na ja, und ich wollte ein Kind bekommen. Das heißt, ich stellte mir vor, wie schön das wohl ist, schwanger zu sein.
Domian: Wir reden jetzt von der Zeit, als du 14/15 warst. Heute bist du 28, und vor zwei Jahren bist du operiert worden. Dazwischen liegen viele Jahre.
Jeannette: Ach ja, ich glaube mit 18 habe ich alles akzeptiert. Weil ich auch viel dazu gelesen hatte. Aber das Versteckspiel hielt noch lange an. Nach draußen habe ich mich immer männlich gegeben. Habe mir sogar einige Monate einen Bart stehen lassen, das war widerlich.
Domian: Wie war dein Name eigentlich früher?
Jeannette: Robert. Ich war vollkommen isoliert in dieser Zeit. Bin zur Arbeit gegangen. Ich habe eine Lehre als Einzelhandelskaufmann

gemacht. Und sonst nur zu Hause gesessen. Bis ich mir allen Mut genommen habe und in eine Selbsthilfegruppe gegangen bin.
Domian: Und irgendwann dann kam die Entscheidung zur Operation. Was geht dem voraus?
Jeannette: Viele Gespräche mit Psychologen, mit Gutachtern. Und der Alltagstest.
Domian: Erklär das mal.
Jeannette: Man muß seine eigentliche Identität im Alltag überall leben und zeigen. Auf der Straße, bei Behörden, immer. Das ist der Anfang des Geschlechtsrollenwechsels. Ich bin dann auch mit Hormonen behandelt worden. Ich war mir bei allem ganz sicher, und meine Entscheidung war ganz klar.
Domian: Hattest du Angst vor der Operation?
Jeannette: Ja.
Domian: Was passiert bei der Operation?
Jeannette: Die Hoden werden entfernt, der Penis auch, dann wird die Vagina geformt.
Domian: Was hast du empfunden, als du aus der Narkose erwacht bist?
Jeannette: Nichts besonderes. Und dann hatte ich starke Schmerzen. Und als ich alles zum ersten Mal gesehen habe, war ich total aufgeregt.
Domian: Hat es dir gefallen?
Jeannette: Nein, nicht besonders. Es sieht auch heute noch nicht so toll aus. Aber das ist mir egal.
Domian: Kann man nach dem Eingriff Lust so wie früher empfinden?
Jeannette: Ich weiß nicht, was das ist. Ich hatte ja nie einen Partner.
Domian: Aber du kanntest doch das Gefühl des Orgasmus, beim Onanieren?
Jeannette: Ich habe nie onaniert.
Domian: Nie?
Jeannette: Nein, mir war doch alles zwischen meinen Beinen zuwider.
Domian: Hast du jetzt einen Partner?
Jeannette: Nein. Ich bin sehr unsicher, auf Männer zuzugehen. Ich habe Angst vor Ablehnung. Und würde mich auch schämen, mich nackt zu zeigen.
Domian: Hast du Sehnsucht nach einer Partnerschaft?

Jeannette: Nein. Nicht besonders. Aber ich wollte auch noch sagen, daß die Diskriminierung auch nach der Operation nicht aufgehört hat. Ich werde oft beleidigt. Nur auf der Arbeit, da geht es.
Domian: *Bereust du die Operation?*
Jeannette: Oh, nein! Auf keinen Fall. Es war das Beste, was bisher in meinem Leben passiert ist.

Partnersuche

Das Talk-Radio hat sich im Laufe der Zeit mehr und mehr auch zu einer Kommunikationsplattform entwickelt. Es rufen bei uns Menschen an, die in erster Linie gar nicht mit mir sprechen wollen, sondern eine bestimmte Botschaft loswerden möchten. Ich denke zum Beispiel an den Ex-Neonazi, der junge Leute vor der braunen Pest warnte; oder an die vergewaltigte Frau, die anderen Opfern Mut zusprach und Therapie-Tips gab.
Vielen dient das Talk-Radio auch als Vermittlungsstelle. Hunderte von Querkontakten haben wir schon hergestellt. In einer Sendung erzählte zum Beispiel ein Zuschauer von seiner seltenen, schweren Erkrankung und einer gelungenen Operation – noch Wochen später kamen Anfragen nach Chirurg und Klinik. Ein anderer Zuschauer erregte großes Interesse, weil er ein Fußliebhaber war. Kaum retten konnten wir uns vor Kontaktanfragen, nachdem eine junge Frau von ihren Wunderheilkräften äußerst seriös erzählt hatte.
Und immer wieder lernen sich Leute durch bzw. über DOMIAN kennen. Der folgende Fall ist der bisher spektakulärste. Im September 1995 begrüßte ich in der Sendung Inge (52).

Inge: Ich suche schon seit Jahren einen Partner. Aber nicht nur mit Penis, sondern auch mit Geist.
Domian: *Wie suchst du?*
Inge: Hauptsächlich über Kontaktanzeigen und Talk-Lines.
Domian: *Und du wirst nicht fündig?*
Inge: Ach, hör auf! Diese alten geilen Böcke! Den letzten habe ich in den Puff gefahren.

Domian: Wie bitte?
Inge: Ja, ich habe mich mit dem getroffen, und er fand mich wohl recht ansehnlich. Weißt du, was der unmittelbar nach der Begrüßung gesagt hat? „Fahren wir zu mir – oder zu dir?" Da habe ich nur geantwortet: „Fahr hinter mir her." Vor dem Puff dann bin ich angehalten, habe die Scheibe runtergedreht und ihm zugerufen: „Hier bist du richtig." Und dann bin ich in einem Affenzahn zu einer Freundin gedüst.
Domian: Wie viele Versuche sind schon in die Hose gegangen?
Inge: 25, 30. Und wirklich, **alle** wollten direkt nach dem ersten Rendezvous ins Bett.
Domian: Bist du einmal schwach geworden?
Inge: Nein! Keinmal.
Domian: Welche Eigenschaften muß denn der Mann deiner Träume haben?
Inge: Er muß offen und ehrlich sein. Vielleicht so um die 50. Nicht bieder. Er soll was im Kopf haben. Und ich möchte mich anlehnen können.
Domian: Wie soll es nun weitergehen?
Inge: Erst einmal ist Schluß. Zu meinen Töchtern habe ich gesagt: „Jetzt werde ich Jungfrau."

Daraus wurde jedoch nichts. Inge mit ihrer forschen Art hatte großen Eindruck auf Günter gemacht. Der bat uns, einen Kontakt mit Inge herzustellen. Drei Wochen später telefonierten die beiden zum ersten Mal miteinander. Und zwar neun Stunden. Am 20. März 1996 um 11.00 Uhr haben Inge und Günter in Krefeld geheiratet.

Einsamkeit

Im Mai 1995 führte ich eines der traurigsten Interviews meines Lebens. Am anderen Ende der Leitung meldete sich Hubert, 35 Jahre alt, leukämiekrank im Endstadium. Er rief quasi vom Sterbebett aus bei uns an. Aus Einsamkeit. Seine Freunde hatten ihn, wie er sagte, wegen seiner schweren Krankheit verlassen. Und auch seine Familie war auf Distanz zu ihm gegangen.

Mir fiel es schwer, das zu glauben. Wie kann man einen Menschen alleine lassen, der stirbt, bzw. weil er stirbt? Was auch immer in seinem Umfeld geschehen war, warum genau die Leute ihn verlassen hatten, spielte jetzt keine Rolle. Hubert war völlig alleine und suchte Kontakt, wollte reden.

Domian: Warum bist du bei der Schwere deiner Krankheit nicht in einer Klinik?
Hubert: Weil ich in meiner vertrauten Umgebung sterben möchte.
Domian: Hast du Angst vor dem Tod?
Hubert: Nein, der Tod ist für mich eine Erlösung. Ich quäle mich nur noch. Ich habe Kanülen liegen, und jede Bewegung ist mit Schmerzen verbunden.
Domian: Wie hast du früher, vor deiner Krankheit, über den Tod gedacht?
Hubert: Wie die meisten Menschen habe auch ich den Tod verdrängt. Erst durch meine Erkrankung wurde ich gezwungen, darüber nachzudenken.
Domian: War es ein Schock, als du deine Diagnose erfahren hast?
Hubert: Ja. Ich habe drei Wochen mit niemandem gesprochen.
Domian: Überkommt dich manchmal eine Wut, daß du so jung sterben mußt?
Hubert: Am Anfang ja. Jetzt bin ich relativ gleichgültig. Es kann ja morgen in der Frühe schon zu Ende sein. Entsprechend organisiere ich meinen Tag. Wenn jemand anruft und sagt „Bis morgen", dann kann ich das nicht erwidern. Es gibt für mich nur noch jetzt.
Domian: Wie sieht denn dein Alltag aus?
Hubert: Morgens kommt der Arzt. Kümmert sich um die Wundversorgung, wegen der Kanülen. Ich habe ja auch einen Herzkatheter liegen. Ich bekomme Spritzen. Morphium. Das dauert etwa anderthalb Stunden. Im Laufe des Tages kommt der Arzt noch mal.
Ich bin aber sehr viel alleine. Ich würde mich so freuen, wenn mal jemand vorbeikäme.
Domian: Hast du keine Freunde?
Hubert: Ich hatte mal Freunde. Aber ich glaube, die Krankheit hat alle auf Distanz gehen lassen.

Domian: Gibt es auch keine Freundin?
Hubert: Ich habe mich voriges Jahr in eine Frau verliebt. Wir waren auch einige Zeit zusammen. Aber ich glaube, sie hat den Gedanken nicht ausgehalten, daß ich eben sehr bald sterben würde. Sie hat mich dann verlassen. Aber sie ist mir noch so nahe. Und ich möchte sie auch an dieser Stelle grüßen: „Hallo Conny, falls du mich hörst, ich habe dich immer noch lieb."
Domian: Du sagtest vorhin, daß du keine Angst hast vor dem Tod. Hast du Angst vor dem Sterben?
Hubert: Ich weiß nicht. Man denkt sich immer wieder aus, wie es passieren könnte.
Domian: Würdest du eine aktive oder indirekte Sterbehilfe in Anspruch nehmen?
Hubert: Ja. Ich bin für die aktive Sterbehilfe. Ich war, als es mir noch besser ging, in Holland. Dort ist das ja erlaubt. Ich hätte es dort machen lassen können, hatte aber wohl doch zu große Hemmungen.
Domian: Was meinst du mit Hemmungen?
Hubert: Ich wollte die wenigen Bekannten, die ich damals noch hatte, und meine Eltern, zu denen ich aber auch keinen engen Kontakt hatte und habe, nicht vor vollendete Tatsachen stellen. Zum Beispiel war die Leichen-Rückführung auch nicht organisiert.
Domian: Du hast es also aus Rücksicht auf andere nicht getan – nicht wegen deiner eigenen Angst?
Hubert: Ja, das stimmt.
Domian: Ich könnte mir vorstellen, daß man in deiner Situation jetzt viel über das eigene Leben nachdenkt. Wie bewertest du deine Biographie?
Hubert: Ich habe ein schönes Leben gehabt. Bis zu dem Tag, als ich von meiner Krankheit erfahren habe. Und selbst dann, eben nach dem ersten Schock, war es noch schön, weil ich Hoffnung hatte. Ich konnte ja sogar noch rausgehen. Aber es wurde dann immer schwerer. Und dann kam die Einsamkeit. Man wird als schwerkranker Mensch bewußt an den Rand gedrückt. Bei mir war das jedenfalls so. Die Leute hatten wohl Angst, mit mir Kontakt zu haben. Vielleicht weil sie nicht wissen, wie sie mich ansprechen sollten. Ich hatte mir immer gewünscht, daß die Leute auf mich zugehen und sagen: Wie geht's dir? Was hast du für eine Krankheit?

Domian: Hubert, glaubst du, daß es für dich eine Weiterexistenz nach dem Tod gibt?
Hubert: Ich weiß es nicht. Ich denke viel darüber nach.
Domian: Betest du?
Hubert: Ich bin im herkömmlichen Sinne nicht religiös. In schweren Momenten aber bete ich schon.
Domian: Denkst du ganz konkret auch über Dinge wie deine eigene Beerdigung nach?
Hubert: Ja, ich habe meine eigene Beerdigung schon geregelt. Ich habe den Sarg selber gekauft und auch die Grabstätte. Ich habe das als Aufgabe für mich gesehen, obwohl es natürlich sehr schwer war. Hinterher habe ich Genugtuung verspürt. Ich wollte ja auch meine Eltern damit nicht belasten.
Domian: Wie möchtest du deine Beerdigung geregelt haben?
Hubert: Ganz einfach. Wenn ich tot bin, wird mein Körper zuerst der Pathologie zur Verfügung gestellt. Vielleicht kann ich ja durch meinen Körper jemand anderem helfen.
(Gesprächspause)
Domian: Ich weiß gar nicht, was ich weiter sagen soll. Was wünschst du dir noch für deine restliche Zeit?
(Gesprächspause)
Hubert: Was würdest du dir wünschen?
(Gesprächspause)
Domian: Vielleicht, daß ich nicht einsam sterben müßte.
Hubert: Ach, weißt du. Ich kämpfe jetzt schon über ein halbes Jahr alleine. Ich glaube, ich möchte auch in der letzten Minute alleine sein. Wenn es möglich ist.
(Gesprächspause)
Domian: Tschau, Hubert.

Nach diesem Gespräch ist es mir ausgesprochen schwergefallen, die Sendung weiter zu moderieren. Die Regie hat etwa zwei Minuten Musik eingespielt, um mir so eine kleine Pause zu ermöglichen. Dann kam der nächste Anrufer dran. Ich muß ehrlich zugeben, daß ich ihm meine volle Aufmerksamkeit nicht schenken konnte.
Dieses Interview mit Hubert löste bei dem Talk-Radio-Publikum eine Welle der Hilfsbereitschaft aus. Etwa 60 Leute boten an, sich um Hubert zu kümmern, wollten mit ihm in Kontakt treten. Wir haben die seriösesten herausgesucht und die Briefe an Hubert weitergeleitet.

Es vergingen ein paar Wochen. Dann erreichte mich folgendes Schreiben:

Hallo Jürgen!
Ich schreibe Dir noch einige Zeilen aus dem Uni-Klinikum, in dem ich nun doch liegen muß. Es ging nicht mehr zu Hause. Ich bin auf einer Station, die man in der Patientensprache die „Totenkopf-Station" nennt. Es ist nicht gerade gemütlich hier, an einem Ort, wo nur Sterbende liegen.
Ich war überwältigt von der Briefflut, die mich von Euch erreicht hat. Ich wußte gar nicht, wo ich anfangen sollte zu antworten. Und ich hatte ein paar sehr schöne Gespräche.
Zur Zeit bin ich nur noch wenige Stunden am Tag wach. Und diese Zeit nutze ich, um die Natur zu bestaunen, denn die „Totenkopf-Station" liegt im 3. Untergeschoß. Es ist schön, ein grünes Blatt in den Händen zu halten. Wie schön wäre es, richtig zu leben. Leben um zu leben. Grüße alle Hörer von mir und das Team von Eins Live. Und ganz besonders grüße ich Dich, lieber Jürgen. Entschuldige meine schlechte Schrift, aber in der rechten Hand liegt eine Kanüle. Und nun, Jürgen, noch ein kleines Gedicht zum Abschied.

Ich wünsche Dir nicht alle möglichen Gaben.
Ich wünsche Dir, was die meisten nicht haben,
Ich wünsche Dir Zeit,
Dich zu freuen und zu lachen.
Und wenn Du sie nutzt,
Kannst Du etwas draus machen.

Ich hoffe, ich habe es bald geschafft.

Viele Grüße von der Factory of Death.
Bye
    Hubert

Du kannst diesen Brief auch gerne im Radio oder TV vorlesen – als Dank für alle Hörer.

WALLRAFPLATZ   WESTDEUTSCHER RUNDFUNK

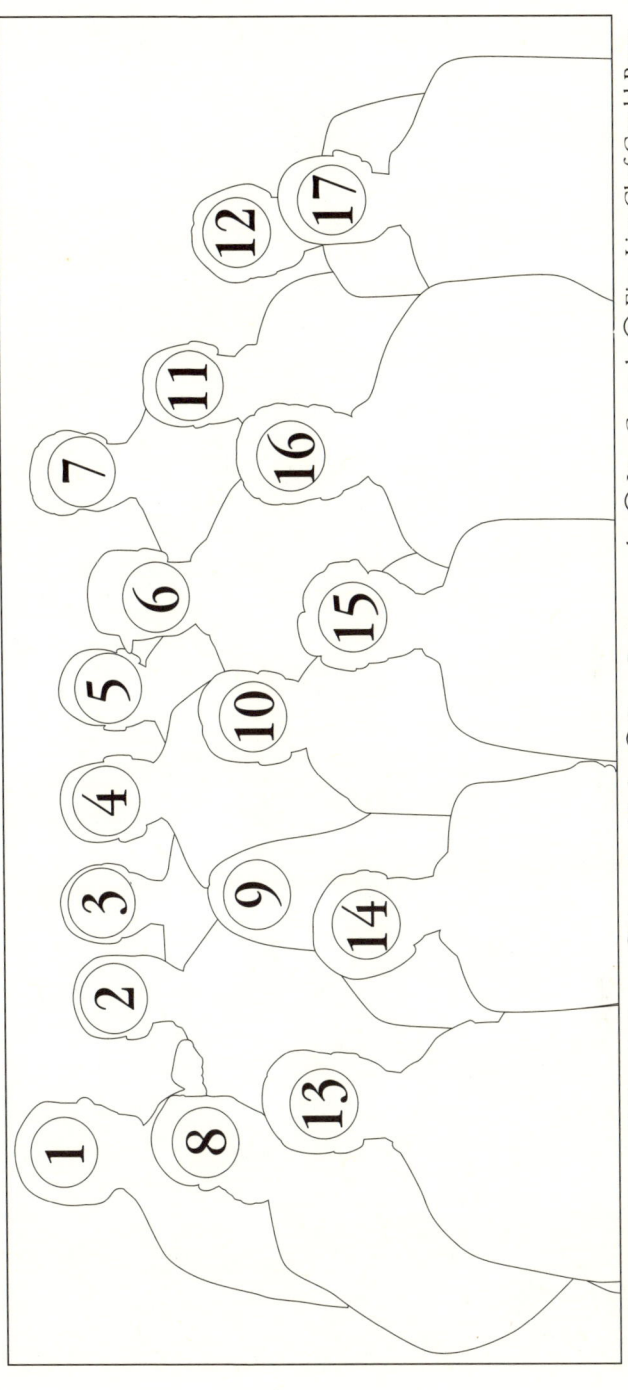

Das DOMIAN-Team: ① Tom Andreas, ② Anne Buchholz, ③ Petra Postaremczak, ④ Jörg Gaensel, ⑤ Eins-Live-Chef Gerald Baars, ⑥ Jürgen Domian, ⑦ Birand Bingül, ⑧ Marko Rösseler, ⑨ Silke Peters, ⑩ Bora Bingül, ⑪ Jürgen Schramm, ⑫ Elke Puls, ⑬ Peter Donaiski, ⑭ Elke Donaiski, ⑮ Jeanette Krause, ⑯ Peter Owsianowski, ⑰ Petra Grützmann.

Leider nicht auf dem Foto sind: Tom Bildhauer, Olaf Brockmann, Andrea Feist, Alexander Hack, Katrin Heckman, Nina Hellenkemper, Henning Kaiser, Karin Knöbelspieß, Mathilde Kohl, Angelina Konrad, Achim Kretschmer, Sylvia Liebsch, Roland Lohr, Katja Neumann, Wolfram Schmeck, Franz-Jürgen Schmidt, Richard Sendrowski, Angela Traut, Marcus Weiler, Hans-Jürgen Wilde.